MAGDA STACHULA

EKIPA NA TROPIE

TAJEMNICA STAREJ MAPY

ILUSTRACJE: ŁUKASZ SILSKI

SKARPA WARSZAWSKA

Moim wspaniałym Synom,
Kubie i Filipowi

Powitanie

A gdybyście odkryli tajemniczy skarb, jaka byłaby wasza reakcja? Podzielilibyście się tą wiadomością z innymi czy zachowali dla siebie? Niezwłocznie otworzylibyście zakurzony kufer, podnosząc drewniane wieko w oczekiwaniu na coś niezwykłego? Czy wahalibyście się przez chwilę, obawiając się, że w środku znajduje się zdechły szczur, stado pająków lub inne okropieństwo?

Mam na imię Kuba, mam dziesięć lat i niedawno stanąłem przed takim dylematem. Początek wakacji zawsze niesie ze sobą powiew pozytywnych emocji. Uwielbiam zapach lata, tych wszystkich kwitnących kwiatów i dojrzewających owoców, owadów bzyczących w locie oraz unoszący się dookoła smak przygody. Wakacje to moja ulubiona pora roku, wiem, że taka oficjalnie nie istnieje, ale w moim kalendarzu wakacje zajmują pierwsze miejsce. Czekam na te dwa miesiące beztroski z utęsknieniem.

Mimo wszystko, wyjeżdżając z rodzicami i młodszym bratem do domku nad jeziorem, nie sądziłem, że czeka mnie tak niesamowita przygoda, rodem z książek czy filmów, a ja zagram główną rolę – odkrywcy, posiadacza tajemnicy, zdobywcy skrzyni skarbów. Czy macie ochotę mi potowarzyszyć? Dowiedzieć się, co znalazłem i jakie to miało dla mnie konsekwencje? Zapraszam was w niezwykłą podróż, do tajemniczego domku nad jeziorem, gdzie pośród lasów i śpiewu ptaków zdarzyła się ta niezwykła historia.

Rozdział 1

Noc świętojańska, najkrótsza noc w roku

Z każdą kolejną sekundą odgłosy przybierają na sile. Nie mam wątpliwości, ktoś lub coś jest na strychu. Dokładnie nade mną, w miejscu, w które się wpatruję. Szur, szur, szur. Leżę na wznak z otwartymi oczami i patrzę w sufit. Tup, tup, tup. Szmer oddala się i teraz to coś jest dokładnie nad łóżkiem mojego brata. Strych jest niewielki, ale doskonale nadaje się na kryjówkę dla gryzoni albo duchów, jakby powiedział mój brat. Filip jest fanem Scooby-Doo i u niego wszystko sprowadza się do duchów i potworów. Zaczynając na piżamie, w której właśnie śpi, przez szczotkę do zębów, a kończąc na worku na kapcie, z którym nie rozstaje się od zerówki. Potwory rządzą! Niemal słyszę jego głos i triumfujący śmiech. Ja nie wierzę w duchy, myślę, że ten szmer na górze to odgłosy jakiegoś dzikiego zwierzęcia, kuny, szczura albo kota, który zakradł się na nasz strych.

Wstaję i wychodzę na korytarz, chce mi się pić, a nie wziąłem sobie na noc wody z kuchni. Stara podłoga skrzypi pod moimi nogami i mam wrażenie, że to coś, co jest nade mną, też to słyszy, bo odgłosy na górze momentalnie cichną. Zwierzę nasłuchuje, zupełnie tak jak ja? Czuję, jak zaczyna bić mi szybciej serce, ale absolutnie się nie boję. Ja niczego się nie boję, jestem nieustraszony. Co innego mój brat. Mimo że zgrywa twardziela, jego mina za każdym razem doskonale zdradza każdą emocję. Nagle za plecami słyszę szmer, dosłownie tuż za mną. Odwracam się gwałtownie.

– Nie śpisz? – W progu sypialni rodziców staje mama.

– Słyszysz to? – pytam, przykładając palec do ust.

Znów ten sam dźwięk. Tajemniczy gość na strychu ciągnie coś za sobą. Zwierzę wróciło z nocnych łowów?

– Stary dom wydaje dziwne odgłosy. Tak jakby żył własnym życiem. Oddychał, sapał, stękał. – Mama kładzie rękę na moim ramieniu. – Sparciała podłoga, nieszczelne okna, stare schody – wymienia. – Drewno cały czas pracuje. Nie możesz spać? – Patrzy na mnie takim wzrokiem, jakby chciała mnie uspokoić, zapewnić, że nie ma się czego bać.

– A może to szczury albo kuny? – mówię, nie odpowiadając na jej pytanie. – Wyraźnie słyszałem, jak coś biega, szura po suficie, to nie mogły być sparciałe deski, coś tam jest.

– W dzień było bardzo gorąco, blacha na dachu się nagrzała i teraz zapewne wraca do swoich rzeczywistych rozmiarów, wydając te dziwne odgłosy – wyjaśnia mama.

– Mówię ci, mamo, tam coś jest, jakieś zwierzę.

– Jak przyjedzie tata, poproszę, aby wszedł na dach i sprawdził, czy nie ma jakiejś dziury. Kto wie, może mała wiewióreczka postanowiła zostać nielegalną lokatorką? – Uśmiecha się.

A więc ona jednak także nie wierzy w odgłosy starych desek, wie, że na strychu coś jest.

– A ten pan, od którego kupiliśmy ten dom, kim on był? – pytam.

– Kubusiu – mama spogląda na mnie troskliwe – on był bardzo dobrym człowiekiem, znajomym naszego dziadka, nie musisz się go bać.

– Ale co robił, czym się zajmował?

– Porozmawiamy o tym jutro – mówi, obejmując mnie ramieniem i prowadząc do łóżka. – Jest środek nocy, jeszcze pracowałam. – Ziewa, nakrywając mnie kołdrą. – Ale już pora spać.

Nachyla się i całuje mnie w policzek. Gdy nikt nie patrzy, pozwalam jej na to, co więcej, bardzo to lubię. Migdałową woń perfum, wiśniowy smak ochronnej pomadki do ust i coś jeszcze, trudno to nazwać, po prostu zapach mamy.

Zamykam oczy, ale sen nie nadchodzi. Nadal chce mi się pić, ale nie podejmuję kolejnej próby dotarcia do kuchni. W mojej głowie wiruje od natłoku myśli i wyobrażeń. I nie chodzi tylko o te szmery na górze, ale o to, co wczoraj znalazłem. Nikomu o tym jeszcze nie powiedziałem i nie jestem pewien, czy w ogóle powinienem się podzielić z kimś moją tajemnicą. Sprawa top secret, ściśle tajne, im mniej osób wie, tym bezpieczniej.

Do domu nad jezioro przyjeżdżamy na wakacje, ferie, święta. Moja mama jest redaktorką tekstów, tata ma firmę remontową, więc latem możemy całe dwa miesiące spędzać poza miastem. Czasami tata musi wyjechać w interesach na kilka dni, tak jak teraz, ale obiecał wrócić w sobotę. Może jemu mógłbym powiedzieć o tym, co znalazłem?

Nie wiem, kiedy zasnąłem, ale budzi mnie smród. Jest tak charakterystyczny i tak dobrze mi znany, że zanim otworzę oczy, wiem, że stoi nade mną Kowboj. Nasz pies, czarno-brązowy owczarek niemiecki.

– Może nauczę cię myć zęby? – pytam, odwracając się na drugi bok i wtulając twarz w poduszkę. – Ale ci śmierdzi z pyska, fuj!

A on jakby to zrozumiał, podbiega do okna i skacze przednimi łapami na parapet. Okno jest uchylone, upały od kilku dni dają się we znaki. Czerwona chusteczka, którą Filip przyczepił mu do obroży, lekko powiewa na wietrze, a Kowboj zieje, pozwalając, aby ciepły powiew lata czesał jego sierść i suszył mu zęby.

– Nie wywietrzysz tego smrodu – żartuję, siadając na łóżku.

Kowboj zeskakuje z parapetu, zaczyna kręcić radosne kółka wokół własnej osi i z impetem wybiega na korytarz. Słyszę, jak uderza pazurami w drewniane schody, a potem skacze na klamkę u drzwi na dole. Chce wyjść na zewnątrz, muszę zwlec się z łóżka i go wypuścić, w przeciwnym razie załatwi swoje potrzeby na dywanie. Niechętnie wstaję, spoglądam na sąsiednie łóżko. Mój brat śpi z otwartymi ustami, jestem przekonany, że nieraz połknął muchę, która fruwając po pokoju w swoim szaleńczym, chaotycznym tańcu, skończyła w jego otwartej buzi.

Od początku wakacji śpimy w jednym pokoju, chociaż obok jest drugi, pusty, który pierwotnie miał być sypialnią Filipa. Przespał tam zaledwie kilka nocy, bo obaj jednogłośnie orzekliśmy, że bardziej opłaci nam się spać razem. Nie chodzi o to, że tak za sobą przepadamy, że aż nie możemy żyć bez siebie, bo czasem – a szczerze, to nawet często – kłócimy się, rozwiązując spory siłą mięśni. Mama tego nie pochwala, robi nam kary, szlabany, zależy jej, abyśmy się wzajemnie szanowali i waśnie wyjaśniali słownie.

– Sztuka kompromisu jest niezwykle ważna, przyda się wam to w życiu, im wcześniej zaczniecie...

Mniej więcej na tym etapie przestaję jej słuchać, Filip jest nieznośny, należy mu czasami przypomnieć, kto tu rządzi. Oczywiście bywają dni, gdy zabawa z nim jest niezłą frajdą i tak naprawdę bardzo się cieszę, że mam brata, sojusznika w przekonywaniu rodziców, kompana w zabawie, ale decyzja o wspólnym pokoju zapadła z innego powodu. Byliśmy już znudzeni sprzątaniem zabawek. Odkładaniem, po raz nie wiem który, na swoje miejsce klocków, samochodzików czy żołnierzyków. Mama nalegała, aby przed snem posprzątać pokój, a zarówno u mnie na dywanie, jak i u Filipa przez cały dzień nazbierało się zawsze zabawek co niemiara. Nie rozumiem, dlaczego mamie tak zależy, aby każdego wieczoru wracały na swoje miejsce, skoro rano znów zdejmiemy je z półek. Dlatego postanowiliśmy, że jeden z pokoi będzie naszą wspólną sypialnią, a drugi zamienimy w bawialnię. A wiadomo, pokój zabaw rządzi się swoimi prawami, królują w nim zabawki i mimo że raz na jakiś czas mama każe zrobić tam porządek, zetrzeć kurze i pozamiatać, nie jest to codzienny rytuał. Nie mówię tego głośno, ale wieczorne rozmowy z Filipem przed snem bardzo mi przypadły do gustu. I mimo że nadal bywa czasami nieznośny, nie mam zamiaru zmieniać ustalonych reguł.

Zamykam za sobą cicho drzwi, niech mój młodszy brat jeszcze pośpi, i schodzę na palcach po schodach. Nie chciałbym też obudzić mamy. Za każdym razem powtarza się

ten sam scenariusz. Mama wstaje, mówiąc, że nocna praca nie była najlepszym pomysłem, bo teraz jest zmęczona i niewyspana, pije dwie kawy i ziewając, powtarza, że dzisiaj się już położy wcześniej. Po czym znów siedzi do północy, a nawet dłużej.

– No już, już! – uspokajam rozbrykanego Kowboja, który skacze łapami na klamkę.

Przekręcam klucz w zamku i otwieram przed nim drzwi. Pies wybiega i radosnymi susami pędzi w stronę lasu. Kilka razy zdarzało się, że pod ogrodzenie przychodziły sarny. Lubię je obserwować, patrzeć, jak skubią listki krzewów, a potem, na widok pędzącego w ich stronę Kowboja, uciekają nagle w głąb lasu i tylko widać znikające w zaroślach białe plamki ich zadków. Dzisiaj ich nie ma. Kowboj podbiega do kępy krzewów, a siedzące na płocie wróble podrywają się do lotu.

Wychodzę na zewnątrz i siadam na rozgrzanych od słońca drewnianych deskach werandy. Nie wiem, która jest godzina, mój dziadek potrafi oszacować czas, obserwując słońce poruszające się po widnokręgu, obiecał, że kiedyś mnie tego nauczy. Gdyby tu był, mógłbym podzielić się z nim moją tajemnicą, on zna odpowiedź na każde pytanie. Na pewno wiedziałby, co powinienem zrobić. Może zadzwonię do niego i uda mi się wytłumaczyć, zobrazować znalezisko? Choć najlepiej byłoby, gdybym mógł mu to osobiście pokazać. Z drugiej strony, naprawdę nie wiem, czy to dobry pomysł, aby dzielić się moim odkryciem z kimś dorosłym. Mogą mi to kazać oddać, a tego bym nie chciał.

Nagle wpadam na pomysł, aby wykorzystać czas, kiedy mama i Filip śpią, i jeszcze raz zerknąć do skrytki. Wstaję i idę w stronę drewutni. To tam ukryłem mój skarb. Drzwi skrzypią, kiedy je otwieram. Wchodzę do środka, światło wpadające między deskami nadaje temu miejscu niezwykły wymiar, jakbym właśnie wszedł do innego świata. Zapach świeżego drewna, żywicy, wielkie pająki, które pojawiają się ni stąd, ni zowąd i których obsesyjnie boi się Oliwia. No właśnie, może jej mógłbym pokazać mój skarb? Jest naszą wakacyjną sąsiadką, często wpada do nas albo my do niej, znamy się od dwóch lat. Jej rodzice są aktorami, wciąż wyjeżdżają na plany filmowe i w tym czasie opiekują się nią dziadkowie, spędza u nich prawie całe wakacje. Tak jak ja skończyła czwartą klasę i ma młodszą siostrę, z którą nie zawsze udaje jej się dogadać. Interesuje się historią, jej babcia chwaliła się, że na koniec roku Oliwka z historii miała piątkę. Myślę, że rozmowa z nią to najlepsze wyjście z sytuacji. Tylko muszę zabrać stąd skarb, bo ona nigdy tutaj nie wejdzie, chyba że wcześniej przegoniłbym stąd wszystkie pająki.

Schylam się i wyjmuję spod równo poukładanych kłód drewnianą, zdobioną skrzynkę. Otwieram wieko i jeszcze raz podziwiam jej zawartość. Nie mogę schować skarbu w domu, bo tam znajdzie go mama, a nie mam pewności, jak wtedy zareaguje. Po chwili namysłu zostawiam skrzynkę w tym miejscu, w którym wieczorem ją ukryłem. Po śniadaniu, gdy będę szedł do Oliwii, zakradnę się do drewutni i zabiorę drogocenną zawartość. Na razie mój skarb jest bezpieczny, bo dopóki nie wróci tata, nikt do tego pomieszczenia nie wejdzie, chyba że mój brat, ale gdy zamknę dobrze skobel, nie dostanie się tutaj tak łatwo.

Wychodzę na zewnątrz i natrafiam na Filipa. Stoi w cieniu jabłonki i bacznie mi się przygląda.

– Co tam masz? – pyta.

– Nic – odpowiadam.

– Kłamiesz! – Robi krok w moją stronę. – Widziałem, jak coś chowasz pod drewnem.

– Wydawało ci się.

– Nieprawda. Ukrywasz tam jakieś słodkości?

– Nie – mówię zgodnie z prawdą.

– Sprawdzę. – Rusza, ale zanim zdąży dotrzeć do drewutni, wskakuję tam pierwszy i zatrzaskuję mu drzwi przed nosem.

– Otwieraj! – krzyczy.

Każdy ciągnie drzwi w swoją stronę, Kowboj przybiega do nas i zaczyna szczekać. Lubi, jak coś się dzieje.

– Ucisz się, Kowboj, spokój – upominam psa.

Jego ujadanie zbudzi mamę, a gdy ona tu przyjdzie i dowie się od Filipa, że coś ukryłem w drewutni, na pewno każe mi to pokazać i wtedy mój skarb na zawsze może zniknąć z moich rąk.

– Wpuść mnie do środka. – Filip szarpie za drzwi. – Wpuść mnie, bo...

– Bo co? – przerywam mu.

– Bo cię tu zamknę – grozi, po czym mocnym szarpnięciem przyciąga drzwi do siebie i zatrzaskuje skobel.

Wykorzystał chwilę mojej nieuwagi, nie sądziłem, że wpadnie na tak szaleńczy pomysł. Nie to, że boję się pająków, ale on nie ma prawa mnie tu więzić.

– Otwieraj! – krzyczę.

– Teraz role się odwróciły. – Śmieje się. – Nie chciałeś otworzyć, to zobacz, jak to jest. – Odchodzi w stronę drzewa.

Naprawdę mnie tu zamknął i teraz sobie pójdzie? Kowboj nadal szczeka, biegając od Filipa do zamkniętych drzwi drewutni.

– Ty gówniarzu! – krzyczę.

– Chłopcy! – Z werandy rozlega się głos mamy. – Co tam się dzieje?

– Dobra, wygrałeś, pokażę ci – szepczę zrezygnowany.

Najważniejsze, żeby nikt z dorosłych nie dowiedział się o skarbie, najpierw muszę naradzić się z Oliwką, co z tym robimy.

– Nic – krzyczy Filip, podbiegając do drewutni i kładąc dłoń na skoblu. – Bawimy się, mamusiu!

– Za pięć minut widzę was na śniadaniu!

– Dobrze – odkrzykuje radośnie i zdejmuje skobel. – No to co tam masz? – pyta, otwierając drzwi i wchodząc do środka. – Wykradłeś ptasie mleczko z zapasów?

– Nie każdy jest ptasiomleczkowym potworem jak ty – rzucam kąśliwie.

– Więc co? – Kuca obok mnie.

Nie pozostawia mi wyboru, odrzucam kłody i wyciągam drewniany kufer. Filip w skupieniu patrzy, jak przejeżdżam dłonią po rzeźbionej obudowie, a gdy otwieram skrzynię, jego oczy robią się ogromne, a z ust wydobywa się głębokie:

– Wow!

Rozdział 2

Mamo – zaczynam, zawiązując sznurówki. – Oliwka mówiła, że jej babcia potrzebuje pożyczyć od nas taczkę – kłamię. – Czy mogę jej teraz zawieźć?

Nie lubię oszukiwać mamy i nigdy tego nie robię, ale skrzynia jest ciężka, nie dam rady zanieść jej w rękach do naszej bazy. Poza tym, jeśli włożę kufer do taczki i przykryję suchymi gałęziami i skoszoną trawą, nikt go nie zobaczy.

– Oczywiście – odpowiada mama, ścierając stół po naszym śniadaniu. – Trzeba sobie pomagać. Ale wydawało mi się, że pani Basia miała taczkę... – Zerka na mnie.

– Może się zniszczyła – wtrąca Filip.

Lepiej niech już więcej nic nie mówi. Milczenie jest złotem, jak mawia dziadek, i trzeba wiedzieć, kiedy zachować komentarz dla siebie.

– Chodźmy – rzucam w stronę brata i wychodzę na taras.

Otwieramy drzwi do garażu i wyjmujemy taczkę.

– A jak babcia Oliwki zapyta, po co nam ta taczka? – pyta Filip. – Albo powie naszej mamie, że wcale nie potrzebuje taczki?

– Nie pójdziemy tam z taczką – mówię. – Wyjdziemy na drogę i skręcimy w stronę lasu, schowasz się z taczką w naszej bazie, a ja pobiegnę po Oliwkę. Przecież nie możemy pokazać jej naszych skarbów przy jej babci.

Filip uśmiecha się szeroko, wiedziałem, że użycie słowa „naszych" w kontekście skarbów podbuduje jego ego, jak zwykł mawiać tata. Zapytałem ostatnio tatę, co to jest to ego, nawet przez moment myślałem, że powiedział niewyraźnie, że chce budować coś z Lego.

– Podbudować ego – powiedział – trudno to dosłownie wytłumaczyć, żebyś zrozumiał, ale przyjmijmy, że chodzi o wzmocnienie czyjegoś poczucia własnej wartości, sprawienie, żeby ktoś się sam ze sobą dobrze poczuł, jednym słowem, docenienie.

A Filip, jak każdy, lubi być doceniany, teraz chętnie popilnuje naszych skarbów. Jestem przekonany, że gdyby były tylko moje, przekornie nie chciałby ani zostać w bazie, ani pójść po Oliwkę, a przecież nie mógłbym skrzyni porzucić bez opieki. Nie mogę też zadzwonić do naszej sąsiadki, bo mama prosi, byśmy nie używali telefonów w ciągu dnia. Tata ustawił blokady i nadzoruje nasze życie w sieci. Po południu albo jak jest brzydka pogoda, możemy pograć, ale nie więcej niż dwie godziny dziennie. Nie rozumiem tego, bo rodzice stale używają swoich komórek, niezależnie od pogody i pory dnia. Gdy kiedyś im to wypomniałem, powiedzieli, że są im potrzebne, wręcz niezbędne w pracy.

– A jakie ma to znaczenie, czy do pracy, czy do gry, wam też szkodzą na oczy – zauważyłem.

– I na mózg – dorzucił Filip.

Mama spojrzała wtedy na tatę, a on powiedział, że koniec rozmów i żebyśmy wracali do lekcji.

– A jeśli Oliwka nas zdradzi? – pyta Filip.

– Nie zdradzi – mówię. – Ładuj lepiej trawę swoją łopatą.

Plastikowy trzonek porusza się w górę i w dół. Po chwili skrzynia jest w całości przykryta liśćmi dębu.

– Dobra. Wystarczy, jedziemy.

Filip biegnie i otwiera furtkę, Kowboj chce iść z nami.

– Bierzemy go? – pyta mój brat.

– Jasne.

Pies cieszy się, nie musimy brać smyczy, nigdy nie rozstaje się z nami nawet na krok.

Nasza baza znajduje się przy działce Oliwki, od strony lasu. Na terenie nieogrodzonym, ale należącym do jej rodziny dziadek postawił domek na drzewie, a my zagospodarowaliśmy teren dookoła. Jest szałas, który służy nam za kuchnię, mamy tam składane krzesła, które kiedyś dziadek Oliwki zabierał na ryby. Są trochę zniszczone, ale jej babcia zacerowała przetarty materiał, mówiąc, że posłużą do czasu, aż nam się nie znudzą. Mamy w bazie nawet schowek na słodycze, który Oliwka zrobiła w starym wózku dla lalek, i co najważniejsze, sejf. Prawdziwy. Taki jak w filmach. Kiedyś używany był w hotelu, który prowadzi wujek Oliwki, ale wymienił go na nowy i dał nam stary do zabawy. Tam schowamy skarby, myślę, że Oliwka nie będzie miała nic przeciwko, a uchroni to znalezisko przed dostaniem się w niepowołane ręce. Zwłaszcza powinniśmy uważać na jej siostrę Jagodę, jest jeszcze bardziej nieznośna niż Filip. Płacze z byle powodu i wszystko mówi dorosłym.

Przedzieramy się przez gęste krzaki, taczka grzęźnie w miękkiej ziemi. Mocuję się z nią, ale dalej nie pojedzie. Muszę nieco zmienić plan.

– Poczekaj tu – proszę Filipa. – Pójdę po Oliwkę i w rękach przeniesiemy skrzynię do bazy.

Podbiegam do ogrodzenia i przeskakuję przez płot, Kowboj biegnie za mną i zaczyna szczekać, kiedy orientuje się, że nie wezmę go ze sobą.

– Za chwilę wrócę.

Zeskakuję po drugiej stronie ogrodzenia, biegnę od razu pod okno Oliwki i rzucam w nie szyszką, jedną, drugą, po trzeciej pokazuje się jej głowa.

– Jeszcze spałam – mówi z wyrzutem.

Włosy ma rozczochrane, mruży od słońca oczy.

– Chodź szybko, czekam w bazie.

– Ale co jest? – dopytuje.

– Chodź, zobaczysz.

– To Kowboj tak szczeka?

– Tak, został za płotem. Pośpiesz się – ponaglam zniecierpliwiony. – Mam coś ekstra.

– Co?

– Skarb.

– Skarb? – krzyczy głośno.

– Cicho, bo jeszcze ktoś usłyszy. Czekam w bazie! – rzucam i pędzę w stronę Kowboja. Muszę go uspokoić, zanim postawi na nogi wszystkich w okolicy i ściągnie na nas niepotrzebnie uwagę.

Po pięciu minutach zjawia się Oliwka. Ma związane włosy w kucyk, krótkie spodenki i koszulkę na ramiączkach. Nigdy nie widziałem jej w sukience czy spódnicy, za to Jagoda bez przerwy się stroi. Zakłada kolorowe korony na głowę, nosi błyszczące spinki.

– Jaki skarb? – pyta, kucając koło nas.

Zdążyliśmy z Filipem przenieść kufer z taczki do naszej bazy. Nie sądziłem, że mój młodszy brat jest taki silny.

– Co tam jest? – Kładzie rękę na wieku i spogląda na mnie.

– Otwórz, to się przekonasz – mówię. Oliwka podnosi pokrywę do góry.

– Wow!

Reaguje tam samo jak Filip. Przygląda się zawartości, która napawa mnie dumą. Sam nie mogę uwierzyć, że wczoraj znalazłem skrzynię pod podłogą tarasu naszego wakacyjnego domku. Mamy ten dom od dwóch lat, a dopiero teraz ją zauważyłem. To wręcz niewiarygodne.

Wczoraj po południu siedziałem na schodach werandy z książką w dłoni. Po raz drugi czytałem Harry'ego Pottera, gdy nagle coś poruszyło się w zasięgu mojego wzroku. W pierwszej chwili myślałem, że tylko mi się wydaje, ale odwróciłem głowę i ujrzałem jaszczurkę. Była piękna, jasnozielona, z o ton ciemniejszymi, nierównymi plamkami na grzbiecie. Słońce już zachodziło, ale jaszczurka znalazła jeszcze kilka desek tarasowych oświetlanych przez promienie i tam się zatrzymała. Po chwili dołączyła do niej kolejna. Sięgnąłem po leżący na stole telefon, chciałem zrobić im zdjęcie, poruszyłem się zbyt gwałtownie, bo obie nagle zniknęły za schodami. Poszedłem ich śladem, uciekły między szczeble w podłodze werandy, chowając się pod jej powierzchnią. Nigdy wcześniej nie widziałem u nas na działce jaszczurek. Zapewne bały się Kowboja i wychodziły wtedy, gdy nie było go w pobliżu. Położyłem się na ziemi, zaglądając pod deski tarasu. Miałem nadzieję, że uda mi się je zobaczyć, ale nigdzie ich nie było, zniknęły. Nagle między drewnianymi sztachetami zobaczyłem błyszczący w słońcu metal. Sięgnąłem po kij, próbowałem włożyć go między szczeble, by przysunąć przedmiot do siebie, i wtedy odpadła jedna z desek. Byłem w szoku. Nie było na niej gwoździ, ktoś specjalnie zrobił tam skrytkę? Włożyłem rękę i dotknąłem błyszczącego metalu. Był ciepły od słońca i stanowił zamknięcie drewnianej skrzyni. Przyciągnąłem ją do siebie, ale okazała się większa niż otwór, który powstał w wyniku odpadnięcia deski. Łopatką Filipa wykopałem dziurę w ziemi, aby wyjąć kufer. Nie było to takie proste, ale w końcu się udało, trzymałem skrzynię w dłoniach. Kłódka, która strzegła bezpieczeństwa ukrytego w środku skarbu, była zamknięta. Wtedy przypomniałem sobie o pęku kluczy, który tata znalazł w garażu.

– Tak to jest, jak kupuje się dom z całym inwentarzem – powiedział. – Teraz domyśl się, człowieku, co do czego!

Nie udało mu się połączyć wszystkich kluczy z odpowiednimi zamkami. Pobiegłem do garażu, byłem pewien, że jeden z nich będzie pasował do kłódki przy kufrze – i nie myliłem się. Ręce trzęsły mi się ze zniecierpliwienia, gdy po kolei próbowałem każdy z kluczy. Po kilku próbach natrafiłem na ten właściwy, mały, srebrny, z wypustką na końcu. Przekręciłem, zamek puścił, zdjąłem kłódkę, serce waliło mi jak szalone, podniosłem wieko i zaniemówiłem z wrażenia. Zupełnie tak jak Oliwia w tej chwili. Przygląda się zawartości kufra i nagle podnosi na mnie głowę.

– To prawdziwy skarb, skąd go masz?

Ma zaczerwienione z emocji policzki, Filip także bierze do ręki i ogląda każdą kolejną rzecz, którą odkłada Oliwka. Czuję się dumny, to niesamowite, jak wczorajszy spokojny wieczór za sprawą zwinnej jaszczurki zamienił mnie w odkrywcę skarbów.

Rozdział 3

Gdy otworzyłem wieko skrzyni, od razu wiedziałem, że mam do czynienia z prawdziwym skarbem, poczułem się jak szczęśliwy odkrywca.

Zastanawiam się, od czego zacząć opowiadać im całą historię, przypominając sobie, jak najpierw wziąłem do ręki starą fajkę, która była zrobiona z gliny albo z materiału, który ją przypomina. Nigdy wcześniej takiej nie widziałem. Oglądałem ją ze wszystkich stron. Mój dziadek używał fajki, ale brązowej, drewnianej, ta była biała i zupełnie inna w dotyku. Na boku główki widniał jakiś znaczek. Próbowałem go odczytać, ale napisy wyglądały jak nic nieznaczące bazgroły. Obok leżał męski zegarek na srebrnym łańcuszku, taki, jaki widziałem w filmach historycznych, które lubił oglądać mój dziadek. Wskazówki pokazywały dziewiątą dwadzieścia. Nie zdziwiłem się, że nie działał, był bardzo stary. Srebro nie było takie błyszczące jak na biżuterii mojej mamy, tylko szare, wytarte, w niektórych miejscach widziałem nawet zieloną pleśń. Na dnie dostrzegłem gruby rulon związanych szarym sznurkiem gazet. Rozwiązałem go i przebiegłem wzrokiem po nagłówkach artykułów: *Skarb czekał w ziemi wiele lat na swoje odkrycie. Co skrywa dno jeziora? Poszukiwacze skarbów w polskich lasach.* Odłożyłem je na bok i sięgnąłem na dno skrzyni po pożółkłą kartkę. Otworzyłem ją i serce podskoczyło do góry, bo moim oczom ukazała się ręcznie kreślona mapa, pełna tajemniczych znaczków, czerwonych krzyżyków, krętych ścieżek. Obracałem ją w palcach, próbując odgadnąć, jaki przedstawia teren, ale widniejąca obok legenda była zapisana szyfrem. Ciąg liter, które nie tworzyły żadnego konkretnego słowa. W pośpiechu zacząłem przeszukiwać zawartość skrzyni, aby znaleźć kod, który złamie szyfr, ale w środku nie było już żadnych kartek. Na dnie leżała szara, brzydka koperta, w której znajdowały się czarno-białe zdjęcia. Przedstawiały mężczyznę w żołnierskiej czapce, jakieś dzieci siedzące na progu domu, na innym był mąż i żona, pani miała welon na głowie, a pan obejmował ją za ramię, było jeszcze kilka innych czarno-białych fotografii. Odłożyłem je do koperty i sięgnąłem po skórzaną sakiewkę. Wziąłem ją do ręki i potrząsnąłem, była ciężka, odwiązałem gruby rzemyk i z zaciekawieniem zajrzałem do środka. W woreczku znalazłem stare monety oraz kilka kolorowych, połyskujących w słońcu kamieni. Nie znam się na minerałach czy skałach szlachetnych, ale bez wątpienia trzymałem w ręku coś niesamowitego. Kamienie mieniły się kolorowymi refleksami. W życiu nie widziałem czegoś tak pięknego.

Gdy usłyszałem na drodze odgłos silnika, schowałem monety i kamienie do sakiewki. Przypuszczałem, że to mama z Filipem wracają z zakupów, a nie chciałem nikomu pokazywać moich skarbów. Mama może kazać mi je oddać, będzie szukać spadkobierców tych przedmiotów, jakiejś dalekiej rodziny tego pana, a nawet nie zdążyłem się nimi nacieszyć. Słysząc, że samochód jest coraz bliżej, w pośpiechu chowałem poszczególne skarby do skrzyni. Kątem oka zobaczyłem skórzany piórnik, ale nie zdążyłem już zajrzeć do środka. Może tam znajduje się szyfr do mapy?

Oliwka właśnie bierze piórnik do ręki, choć właściwie nie wiem, czy można nazwać go piórnikiem, bo w środku jest tylko miejsce na jeden długopis. Ze środka wyjmuje pióro w metalowej obudowie w kolorze butelkowej zieleni. Dla mnie to jest po prostu zielony, ale wiem, że ten odcień właśnie tak nazywa mama.

Opieram się o drzewo i zaczynam opowiadać, jak wczoraj odnalazłem skarb, przyglądając się, jak Oliwka zdejmuje skuwkę z pióra.

– Zobacz, tu jest coś napisane. – Pokazuje grawerowaną stalówkę, która połyskuje w promieniach porannego słońca.

Nachylam się i od razu rozpoznaję taki sam znak, jak na fajce.

– To musi coś oznaczać – zauważam. – Taki sam znak jest tutaj. – Sięgam po fajkę i wręczam ją Oliwii.

Ogląda przedmiot i podaje go Filipowi, który w skupieniu studiuje napis, przejeżdżając po nim palcem.

– Najciekawsze jest tutaj – dodaję, rozkładając przed nimi mapę. – Zapisana jest szyfrem i uważam, że powinniśmy zacząć od jego złamania. To nam może wiele wyjaśnić.

– Myślę – zaczyna Oliwia, spoglądając to na mnie, to na rozłożony przed nią plan – że to jest mapa skarbów, te czerwone krzyżyki i zielone punkty to miejsca, w których zakopane są jakieś rzeczy. Tylko nie wiemy, jakiej okolicy ona dotyczy, nie ma tytułu, nawet ta niebieska kreska – pokazuje palcem na krętą linię biegnącą przez środek mapy – która, jak myślę, jest rzeką, nie ma nazwy.

– Pewnie skrzynię pod werandę schował wcześniejszy właściciel naszego domu, ten znajomy naszego dziadka – sugeruje Filip.

– On był przyjacielem mojego dziadka – wtrąca Oliwka. – Może powinniśmy powiedzieć o mapie dziadkowi? Może będzie wiedział, jakiej dotyczy okolicy?

– Nie możemy – protestuję. – Uważam, że na razie nie powinniśmy mówić o skarbach nikomu z dorosłych. Mogą kazać nam je oddać.

Oliwia patrzy na mnie w milczeniu, ale z jej twarzy nie potrafię odczytać, czy popiera mój pomysł, czy raczej będzie obstawać przy swoim.

– Ale mama mówiła – zaczyna Filip – że zawsze możemy jej o wszystkim mówić, bo chce dla nas dobrze i możemy jej ufać.

– To prawda – zgadzam się. – Ale chciałbym, zanim nam go zabiorą, poznać jego historię, na przykład dlaczego ukryto tu to pióro i fajkę. – Chwytam przedmioty w dłonie. – Ten znaczek nie jest przypadkowy.

Oliwka bierze do jednej ręki pióro, do drugiej fajkę, w skupieniu przygląda się, porównuje.

– Poczekajcie, pobiegnę do babci po lupę, ona zawsze rozwiązuje krzyżówki, używając lupy – wyjaśnia i biegiem rusza w stronę bramy.

– Myślisz, że to dobry pomysł, by ukrywać dalej skarb? – pyta Filip, gdy zostajemy sami. – Był ukryty pod werandą nie wiadomo jak długo, może wcale nie należał do znajomego dziadka, tylko do jeszcze wcześniejszego właściciela, albo ktoś po prostu go tam schował i planuje po niego wrócić. – Filip spogląda na mnie. – Jeśli to jest jakiś zły człowiek, złodziej, bandyta? Zobaczy, że ukradliśmy jego skarb, i wtedy coś nam zrobi!

– Nie ukradliśmy.

– Zabrałeś go.

– Nawet jeśli jest tak, jak mówisz, że to jakiś złodziej go tam schował, to chyba lepiej, że kufer dostał się w nasze ręce, przecież my nic złego z nim nie zrobimy. Nie sprzedamy monet ani kamieni, po prostu rozwiążemy zagadkę. Wyjaśnimy, co przedstawia mapa, może nawet znajdziemy kolejne skarby i wszystko potem oddamy rodzicom, oni już będą wiedzieć, co z tym zrobić. A poza tym, to na pewno nie żaden bandyta go tam ukrył, tylko ktoś, do kogo należał ten domek wcześniej. Klucz do kufra był przypięty do pęku innych – wyjaśniam. – Pamiętasz, tata nie mógł odgadnąć przeznaczenia kilku z nich i właśnie tym małym, srebrnym otworzyłem skrzynię.

Filip w skupieniu analizuje moje słowa.

– Może masz rację, że powinniśmy sami rozwiązać zagadkę. – Spogląda na mnie. – Dorośli nigdy nie mają czasu, mama ma te swoje teksty do redakcji, a do taty ciągle ktoś dzwoni, a my mamy wakacje, możemy się tym zająć.

– O tym mówię. – Uśmiecham się do brata.

– Mam! – krzyczy Oliwka, wracając z lupą. – Ale musimy się pośpieszyć, bo Jagoda właśnie się stroi i za chwilę wyjdzie z domu i zacznie nas szukać.

Przykłada lupę do wygrawerowanego znaczka i głośno czyta:

– JC.

– Co?

– Wyraźnie widzę, dwie litery, JC, to chyba inicjały? Tego pana? Jak on się nazywał?

– Nie wiem. – Wzruszam ramionami. – Mogę zapytać mamy.

– Lepiej nie, bo jeszcze zacznie się zastanawiać, po co ci to, ja podpytam moją babcię i dziadka – mówi Oliwka. – Oni go znali, więc będą wiedzieli.

– Tylko zrób to jakoś tak, wiesz...

– Wiem, dyskretnie – kończy, spoglądając na mnie w taki sposób, w jaki czasem mama spogląda na tatę albo na nas, z wyższością. – Spokojnie, wiem, jak to zrobić.

– Dobra – zgadzam się. – Myślę, że musimy podzielić zadania.

– Na początek dokumentacja – przerywa mi Oliwka.

– Co to znaczy? – pyta Filip.

– Robimy zdjęcia każdego przedmiotu na wypadek, gdyby coś się stało ze skarbami.

– Co stało? – pytam, podchodząc do niej i biorąc się pod boki. – Nie ma takiej opcji!

– No, wiadomo – zgadza się.

– Ale tak na wszelki wypadek – dodaje Filip.

– Właśnie. Przezorny zawsze ubezpieczony, jak mówi babcia – dodaje Oliwia. – A poza tym będzie nam łatwiej podzielić zadania i mieć stały dostęp do skarbów, nawet w nocy na naszych telefonach.

W sumie muszę przyznać jej rację, choć w nocy to niemożliwe, bo aplikacja szpiegowska taty uniemożliwia korzystanie ze smartfonów po dwudziestej.

– Dobra, to ja robię zdjęcia, a potem rozdzielę zadania. Oliwka, ty od razu zajmij się tym inicjałem.

– Teraz to ja się muszę zająć Jagodą – mówi. – Właśnie do nas idzie.

Spoglądamy w stronę domu, przez trawnik skąpany w słońcu kroczy królewna wyjęta z baśni, ma różową sukienkę, koronę na głowie i coś niesie w ręku.

– Szybko – rzuca Filip. – Chowamy skarb.

– Idźcie do niej, zajmijcie ją, a ja zrobię zdjęcia – proponuję.

Oliwka podrywa się z miejsca i biegnie w stronę domu, ale Filip nie wydaje się zachwycony tym pomysłem.

– Wołałbym zostać z tobą.

Jak mój brat się uprze, to nawet mama i tata nie są w stanie go przekonać. Na szczęście wiem, jak go podejść.

– Stań na czatach – proponuję. – W nagrodę tobie przypadną do rozszyfrowania wszystkie kamienie.

Jego oczy na moment stają się ogromne, niczym te dwa zielone kamienie, które są w sakiewce.

– Serio?

– Jasne. Idź już – rzucam, spoglądając, jak Oliwka podbiega do Jagody i pokazuje jej coś w piaskownicy.

Filip posłusznie opuszcza bazę, wdrapuje się na pobliskie drzewo i siada na gałęzi. Stamtąd ma doskonały widok na okolicę.

Wyjmuję z kieszeni telefon i zabieram się do robienia zdjęć. Dobrze, że mama pozwala nam brać komórkę, gdy idziemy poza teren naszej działki, mamy założoną aplikację, która pokazuje naszą lokalizację, oczywiście też to, czy graliśmy w gry, ale teraz nawet mi nie w głowie ani Among Us, ani Minecraft czy inne gry, mam ważną misję do spełnienia.

Rozdział 4

Dzieci, chodźcie, ugotowałam kisiel! – Z werandy rozbrzmiewa donośny głos babci dziewczynek.

Udało mi się zrobić zdjęcia wszystkim przedmiotom, a Oliwka wymyśliła zabawę w Master Chefa w piaskownicy, dzięki czemu jej siostra od godziny siedzi i piecze babki i inne piaskowe potrawy, a my mamy czas zająć się naszą ważną misją.

– Gdy będziemy jeść kisiel, wypytam babcię o tego byłego właściciela waszego domu – proponuje Oliwka.

– Zgoda. – Kiwam głową.

– A ja uważam, że musimy jak najszybciej zająć się mapą skarbów – wtrąca Filip.

– Teraz to musimy schować skrzynię – proponuje Oliwka, nachylając się nad sejfem i otwierając drzwiczki. – Już idziemy, babciu! – krzyczy głośno, aż muszę zatkać ucho.

– Nie zmieści się – rzuca Filip.

– Pokaż. – Kucam obok niego. – Spróbuję włożyć pod kątem. – Przewracam kufer na plecy. – O, tak!

Odchylam na oścież drzwiczki sejfu i na szczęście cała skrzynia mieści się w środku. Zamykam i szyfruję zamek. Przeskakujemy przez płot i biegiem rzucamy się w stronę tarasu.

– Mój ten – krzyczy Filip, chwytając za porcelanową miseczkę, wypełnioną po brzegi różowym kisielem.

– Najpierw umyjcie ręce – nakazuje babcia.

Posłusznie to robimy, a potem zaczynamy delektować się smakiem świeżego kisielu.

– Wszystkie są malinowe – mówi babcia Oliwii. – Sama zrobiłam, zero chemii – dodaje dumnie, sięgając po swoją porcję.

– Babciu? – pyta Oliwka, oblizując usta. – A ten pan, który kiedyś mieszkał tam gdzie teraz mieszkają chłopaki, to kim on był?

– Ziutek? – Babcia spogląda na nas znad swojej miseczki. – Łatwiej byłoby wymienić, kim on nie był. – Zamyśla się. – To istny człowiek renesansu – dodaje po chwili.

– Rene, co? – pyta Filip.

– Renesansu. Określa się tak ludzi, którzy mają wiele talentów, są wszechstronnie wykształceni, interesują się wieloma tematami, znają języki obce, mają, jak to się mówi, szerokie horyzonty. Taki właśnie był Ziutek –

dodaje smutno. – A dlaczego o niego pytacie? – Spogląda na nas.

– A tak, po prostu. – Oliwka wzrusza ramionami.

– Więc on był tym rene coś tam. Czyli konkretnie kim? – wypala Filip.

– Pojęcie „człowiek renesansu" nie oznacza konkretnego zawodu – wyjaśnia babcia. – Nawiązuje do epoki historycznej, którą był renesans. Żyli w niej niezwykli ludzie, jak chociażby Leonardo da Vinci, który był nie tylko malarzem, ale też interesował się matematyką, anatomią, architekturą.

– Co więcej – odzywa się dziadek Oliwki, który właśnie wychodzi na taras – Leonardo jest autorem kilku pomysłów wyprzedzających epokę, w której żył, wymyślił na przykład helikopter, czołg, żniwiarkę.

– Helikopter? – pytam.

– Tak. – Dziadek sięga po swoją miseczkę i siada w fotelu naprzeciwko mnie. – Pierwszy próbny lot śmigłowcem miał miejsce w 1907 roku, a Leonardo swoje szkice latającej maszyny stworzył jakieś czterysta lat wcześniej.

– Wow – rzuca Filip.

– To ten pan Ziutek wymyślił coś, co będzie dopiero za czterysta lat? – pyta Oliwka, spoglądając na mnie w taki sposób, jakby chciała mi powiedzieć, że jeśli my posiadamy jego skarb, możemy wynaleźć to szybciej.

– Kto wie, nad czym on tam rozmyślał. – Dziadek zaczyna się śmiać. – Ale co was to tak ciekawi?

– A nic, po prostu zastanawiałem się, kim był pan, który wcześniej mieszkał w naszym domu – wyjaśniam. – To chyba nic złego?

– Oczywiście. – Dziadek uśmiecha się i zagryza wąsa.

Zawsze tak robi, kiedy chce zacząć swoje przemówienie.

– Lubił malować, dyskutować, dużo czytał. O, nawet mam tu coś od niego.

Wstaje i znika za moskitierą strzegącą dom przed inwazją drobnych muszek i komarów.

Po chwili wraca z książką.

– Dał mi ją na imieniny, to jego ulubiony autor, Joseph Conrad. – Stuka palcem wskazującym w okładkę przedstawiającą twarz mężczyzny z wywiniętymi do góry wąsami, który ma dziwne okulary, jakby w formie zegara i ognia, a z jego kapelusza wystaje armata.

– *Tajny agent* – czyta głośno tytuł Oliwka i spogląda na mnie, a ja czuję, że wpadliśmy na trop.

– Tak, to tytuł książki – przyznaje dziadek.

– A może ten pan był tajnym agentem? – wypala Filip.

– Oj, niezły był z niego agent, niezły. – Dziadek się śmieje, a babcia mu wtóruje.

Oliwka szturcha mnie pod stołem i zakreśla palcem kółka na okładce książki. W pierwszej chwili nie rozumiem, o co jej chodzi, ale po chwili to do mnie trafia. JC, Joseph Conrad, to te inicjały są na piórze i fajce.

– A ten pisarz jest znany? – pytam, czując, jak wypełnia mnie niezwykłe uczucie. Mieszanka radości, strachu i fascynacji.

– Tak. – Dziadek kiwa głową. – Bardzo utalentowany, Polak z pochodzenia, ale za młodu wyjechał na Zachód.

– A pan Ziutek znał tego pisarza? – pytam, spoglądając na dziadka Oliwki. – To znaczy, czy mógł mu dać jakieś swoje rzeczy?

Oliwka posyła mi karcące spojrzenie. Czy obawia się, że jej dziadek się czegoś domyśli? Odgadnie, że mamy skarb i osobiste pamiątki tego znanego pisarza?

– Nie, z pewnością nie. – Dziadek się uśmiecha. – Joseph Conrad umarł, zanim Ziutek się urodził.

Z domu rozbrzmiewa dźwięk telefonu.

– To pewnie Tomasz – mówi dziadek, mając na myśli wujka Oliwki. – Pójdę odebrać – dodaje, po raz kolejny znikając za moskitierą.

Babcia wstaje z fotela, zbiera puste miseczki i znika za dziadkiem.

– To nie może być przypadek – szepcze Oliwka. – JC, mamy rzeczy należące do tego pisarza.

– Przecież twój dziadek powiedział, że się nie znali – mówię.

– No to co. – Spogląda na mnie zdziwiona. – Mógł kupić te przedmioty na Allegro albo na jakiejś aukcji – wyjaśnia. – Zrób zdjęcie okładki, czuję, że to jest ważny element do rozwiązania zagadki – dodaje, a ja wyciągam z kieszeni telefon i pstrykam fotkę temu dziwnemu facetowi widniejącemu na okładce książki.

Rozdział 5

Podsumujmy, czego się dowiedzieliśmy – mówi Oliwka, gdy po obiedzie wracamy do naszej bazy.

Babcia zabrała Jagodę na krótką drzemkę, mamy więc chwilę spokoju. A ponieważ zaraz po obiedzie mama pozwoliła nam chwilę pobawić się telefonem, mogliśmy posprawdzać kilka istotnych informacji.

– Filip, zaczynaj – rzucam.

Siedzimy w kółku, przed nami stoi otwarta skrzynia, którą przed chwilą wyjęliśmy z sejfu.

– Sprawdziłem wszystkie kamienie – mówi mój brat, sięgając po skórzaną sakiewkę. – Mamy niezwykłe szczęście. – Posyła nam tajemniczy uśmiech. – Bo wśród naszych skarbów znalazł się cytryn i cyjanit – wymienia. – Myślę, że ten pan Ziutek wykopał je z ziemi, zupełnie jak w Minecraft, a na tej mapie są zapewne zaznaczone miejsca, w których znajdziemy inne skarby...

– A ja sądzę, że pan Ziutek pracował nad czymś niezwykłym, mógł ukryć coś w ziemi, w tych zaznaczonych punktach. – Oliwka stuka palcem w mapę. – Jakieś tajne opisy swoich badań na przykład.

– Może konstruował maszynę, dzięki której można przenosić się w czasie? – sugeruje Filip.

– Wehikuł czasu – krzyczę. – Patrzcie, tu jest coś, co wyglądem przypomina kapsułę. – Pokazuję na czarny półowalny znaczek na planie.

– Chciał przenieść się w czasie, żeby zobaczyć się ze swoim ulubionym pisarzem, może chciał mu oddać jego rzeczy, w których posiadanie w jakiś sposób wszedł – podejmuje temat Oliwka. – Tylko głośno myślę – dodaje, spoglądając na mnie.

Zrobiłem powątpiewającą minę nie dlatego, że nie zgadzam się z jej przypuszczeniami, tylko z innego powodu. Jakakolwiek jest prawda, nie posuniemy naszych badań do przodu, dopóki nie ustalimy, jakiej okolicy dotyczy mapa.

– Musimy zacząć od ustalenia, jaki teren przedstawia ten plan – mówię.

– Od początku tak mówiłem – wtrąca dumnie Filip. – W ziemi może być cała masa diaksów, z których mógłby zrobić diaksową zbroję.

Mój brat jest nie tylko fanem Scooby'ego, ale także Minecrafta.

– A ten tytuł książki, którą pokazał nam dziadek, *Tajny agent*. Oliwka mruży oczy. –

Myślicie, że pan Ziutek dał mojemu dziadkowi książkę, bo chciał mu coś przekazać? Rozumiecie, tajny szyfr, który złamie kod mapy.

– To bardzo prawdopodobne – zgadzam się. – Oglądałem kiedyś z tatą film. –Spoglądam na Filipa i dodaję: – Tylko nie wygadaj się mamie, bo tam było trochę strzelania. Filip kiwa głową. Mama nie lubi, gdy oglądamy takie filmy, mógłbym mieć kłopoty, gdyby się dowiedziała, a już na pewno miałby je tata, który pozwolił mi go oglądać. – Tam jeden z przestępców przekazał szyfr ukryty w książce. Zamalował ołówkiem w tekście słowa z różnych stron, ale gdy się je przeczytało jako jedno zdanie, wszystko stawało się jasne i jego koledzy wiedzieli, co mają zrobić.

– Genialne – krzyczy Filip.

– No – wtóruje mu Oliwka.

– Musisz sprawdzić w książce, czy pan Ziutek nie zostawił tam jakiegoś szyfru – mówię. – Dasz radę zabrać książkę z domu tak, żeby dziadek tego nie zobaczył?

– Jasne. Oczywiście nie teraz, jak wszyscy są w domu. Zrobię to wieczorem, zakradnę się do pokoju dziadka, wezmę książkę i dokładnie ją przejrzę, a gdy tylko coś znajdę, zrobię zdjęcie i od razu przyślę wam na WhatsApp.

– Super!

– A tobie udało się coś ustalić w kwestii tego hasła zapisanego szyfrem na mapie? – pyta mnie Oliwia, wskazując na rozłożony przed nami plan.

– Tak. – Kiwam głową. – Co prawda, nie zdążyłem sprawdzić, czy to zadziała w naszym przypadku, bo mama zawołała, abym pomógł jej posprzątać po obiedzie, ale możemy teraz to przetestować. Wydrukowałem

ten artykuł na drukarce mamy i zaraz wam pokażę. – Wyjmuję z kieszeni szortów złożoną w kostkę kartkę. – Czytałem o różnych metodach szyfrowania i sądzę, że ten pan Ziutek użył szyfru Juliusza Cezara.

– To znaczy? – pyta Filip.

– I kim był ten Juliusz? – Oliwka spogląda na mnie.

– Juliusz Cezar to starożytny rzymski wódz – wyjaśniam, dumny, że mogę popisać się wiedzą, bo przecież to Oliwka jest dobra z historii.

Sam jeszcze kilka godzin temu nie słyszałem o Cezarze, ale zdążyłem przeczytać w internecie, że to bardzo znana postać historyczna. Nie mam zamiaru się przyznać przed nimi, że też dopiero dzisiaj o nim usłyszałem.

– Ale o co chodzi z tym szyfrem? – dopytuje mój brat.

– No więc słuchajcie – zaczynam. – Ten znany rzymski dowódca szyfrował prywatną korespondencję do swoich przyjaciół zapisaną po łacinie, używając szyfru przesuwającego z kluczem trzy.

– Co to znaczy? Nie rozumiem – niecierpliwi się Filip.

Sięgam po leżący na ziemi patyk i zaczynam pisać nim na ziemi kolejne litery alfabetu.

– No więc w szyfrze Cezara chodzi o to, że literze A odpowiada litera D, a B litera E i tak dalej, przesuwamy się o trzy litery w prawo.

– Juliusz Cezar – mówi Oliwia.

– Tak – przyznaję jej rację.

– Nie rozumiesz. – Spogląda na mnie. – Znów inicjały JC.

– To nie może być przypadek! – zauważam podekscytowany.

– Ale w starożytności chyba nie mieli takich piór do pisania, takich fajek, zdjęć – zauważa Filip, wskazując po kolei na przedmioty. – Te skarby nie mogą należeć do tego Juliusza.

– No wiadomo. – Oliwa przewraca oczami. – Ale znów te same inicjały, ten cały pan Ziutek musiał mieć hopla na punkcie Juliusza Cezara.

– Albo tego pisarza, jak mu tam było – zastanawia się głośno Filip.

– Joseph Conrad – mówię.

– Właśnie.

– Dobra, sprawdzimy, czy zastosował ten szyfr Juliusza Cezara – mówi Oliwia, biorąc mapę do ręki.

Patrzymy na wypisane przeze mnie na ziemi litery alfabetu i na ciąg liter zapisanych na górze mapy. UHCYRTSANJAKUZSIZ-DEIWOPDO.

– Oliwka masz kartkę i długopis? – pytam.

– Jasne, za chwilę przyniosę – mówi i pędem rusza w stronę domu.

Kreślę patykiem na ziemi kolejne litery alfabetu od A do Ż. Po chwili wraca Oliwka z ołówkiem i notesem w dłoni.

– Spróbujmy użyć kodu z przesunięciem o trzy – mówię. – Zapisz ZKE...

– A nie F? – spogląda na mnie Oliwia. – Trzecie z kolei po C jest F.

Spostrzegawcza z niej dziewczyna, zauważam, jak Filip patrzy na nią z podziwem.

– Nie, bo gdy używam wszystkich polskich liter Ą, Ę, wtedy E jest trzecie od C.

– Ale nie masz pewności, czy ten kod dotyczy alfabetu z polskimi literami, skoro wymyślił go ten Juliusz Cezar? On chyba nie mówił po polsku.

– No raczej – wtrąca Filip. – A w jakim języku mówił?

Na to pytanie nie znam odpowiedzi ani ja, ani Oliwka.

– To nie ma znaczenia – stwierdzam. – Chodzi o sam mechanizm działania, sprawdźmy przesunięcie o trzy w dwóch przypadkach, czyli z literami polskimi, jak Ą, Ę, i bez.

Zapisujemy litery z szyfru z polskimi znakami i z ich pominięciem, ale wychodzi taki sam ciąg nic nieznaczących liter.

– To bez sensu – stwierdza Oliwka, czytając po raz kolejny to, co udało jej się zapisać na kartce. – Może coś źle robimy... Pokaż ten artykuł o Juliuszu Cezarze.

Wręczam jej kartkę i patrzę, jak w skupieniu przebiega wzrokiem po tekście. Za jej plecami staje Filip, ale nie czyta tak szybko jak ona i gdy dziewczyna przewraca kartkę na drugą stronę, widzę grymas niezadowolenia na jego twarzy.

– Posłuchajcie tego – zaczyna Oliwia. – Adoptowany syn Juliusza Cezara, Oktawian August, używał szyfru przesuwającego z przesunięciem jeden w prawo, przy czym zamiast podówczas ostatniej w alfabecie litery X pisał podwójne A.

– To sprawdźmy ten sposób.

Pochylamy się nad mapą, Oliwka zapisuje tekst z nagłówka mapy z przesunięciem o jedną literę w prawo.

– Znów głupoty – stwierdzam po chwili.

– Poczekaj – mówi Oliwia. – Dalej napisane jest tak: „Istnieją źródła mówiące o tym, że Cezar używał również bardziej skomplikowanych systemów szyfrowania, pisarz rzymski Gelliusz nawiązywał do traktatu, obecnie zagubionego, na temat szyfrów rzymskiego wodza”.

– To słabo – mówię. – Skoro ten traktat jest zagubiony, nigdy nie złamiemy tego szyfru.

– Fakt – stwierdza zrezygnowanym tonem Oliwka.

I nagle za naszymi plecami głośno strzela łamana gałąź. Wszyscy w tym samym momencie oglądamy się za siebie i zamieramy z wrażenia. No to mamy poważny problem.

Rozdział 6

Za naszymi plecami stoi księżniczka. Różowa suknia, złota korona na głowie, torebka na ramieniu i lusterko w dłoni.

– Jagoda! – rzuca Oliwka. – Co ty tu robisz? Miałaś spać.

– Ale już wstałam – stwierdza dziewczynka i robi krok do przodu.

Nie wiemy, jak długo tu stała i ile usłyszała z naszej rozmowy. Byliśmy tak zaabsorbowani łamaniem kodu, że nie zauważyliśmy, jak się skrada.

– Co tam macie? – pyta.

– Nic – rzuca Filip, zamykając wieko skrzyni. Robi to tak głośno, że odgłos niesie się echem po lesie.

– Przecież widzę – mówi Jagoda. – Coś tam chowacie przede mną.

– A, to nic takiego – tłumaczę. – Takie rzeczy do szkoły, taka praca badawcza z historii – kłamię. – Ty nie chodzisz jeszcze do szkoły, więc nie wiesz.

– Oszukujesz – mówi, patrząc mi w oczy. – Przecież teraz są wakacje, nikt wam nie zadaje pracy domowej.

To dopiero mądrala. Oliwka mówiła, że nawet dorosłych wprowadza w zakłopotanie swoimi pytaniami czy uwagami. Ja też nie wiem, co jej odpowiedzieć, spoglądam na Oliwię, licząc, że pomoże mi w tej kwestii.

– No dobra – mówi do siostry. – Bawimy się w poszukiwaczy skarbów.

Rzucam jej ostrzegawcze spojrzenie, przecież teraz ta mała wszystko powie dziadkom, a oni moim rodzicom i skrzynia zniknie z naszych rąk, zanim uda nam się rozwikłać związane z nią zagadki.

– Nudzi nam się – do rozmowy włącza się Filip, sam nie wiem, czy cieszyć się z tego, czy wręcz przeciwnie, jeszcze tego brakuje, żeby on coś chlapnął. – I wymyślamy sobie takie różne zagadki.

– Chcę je zobaczyć – mówi Jagoda, siadając po turecku między mną a Oliwką.

Na podołek w sukience kładzie torebkę i lusterko, przygląda się leżącym na ziemi przedmiotom wyjętym z kufra. Pochylam się, żeby je pozbierać, kątem oka widząc, jak Jagoda bierze do ręki mapę.

– Kto to namalował? – pyta.

– Ja – znów kłamię, zerkając w jej stronę.

Dziewczynka studiuje kartkę, jakby naprawdę wierzyła, że potrafi coś z niej rozszyfrować, ma dopiero cztery lata i nie umie czytać. Po chwili przewraca mapę na drugą stronę i nagle to dostrzegam. Omal nie krzyczę z radości, resztką sił udaje mi się utrzymać moje emocje na wodzy. Jestem zaskoczony i jednocześnie zachwycony tym nagłym olśnieniem. Złamałem szyfr. Nie do wiary. Najchętniej uściskałbym Jagodę z radości, gdyby nie ona, nie udałoby mi się to tak szybko.

– Brzydko – stwierdza, odkładając mapę. – Ja bym to lepiej namalowała – chwali się.

– No to mi pokaż – mówię, bo niczego nie pragnę bardziej, niż żeby sobie teraz stąd poszła i żebym mógł podzielić się z Oliwią i Filipem hasłem z mapy, które właśnie rozszyfrowałem. – Masz jakiś blok i kredki? – pytam zachęcająco. – Narysuj jakąś mapę ze skarbami, jak chcesz, możesz się z nami bawić, ale warunek jest jeden – dodaję, przybierając poważny wyraz twarzy: – Każdy uczestnik zabawy musi przynieść własnoręcznie namalowaną mapę.

– I nie mogą pomagać mi dorośli? – pyta zaciekawiona.

– To absolutnie zabronione – dodaje Oliwia. – Jeśli chcesz być w naszej paczce poszukiwaczy skarbów, musisz sama namalować mapę, a my ją rozszyfrujemy.

– Chcę. – Szeroko się uśmiecha. – To będzie mapa księżniczki i jej ...

– Cicho, cicho – przerywam jej. – Idź już malować, nie wolno wcześniej zdradzać szczegółów, bo popsujesz nam zabawę.

Jagoda podrywa się z miejsca, zarzuca na ramię brokatową torebkę i biegiem rusza w stronę domu, puszczając zajączki trzymanym w ręku lusterkiem.

– Uff – wzdycha Filip, gdy Jagoda znika nam z oczu. – A już myślałem...

– Złamałem szyfr! – krzyczę podekscytowany. – Słyszycie, znam hasło!

– Co? – Filip robi zdziwioną minę.

– To było prostsze, niż myśleliśmy, żaden tam szyfr Cezara czy tego drugiego, jak mu tam było...

– Oktawiana Augusta – podpowiada Oliwka.

– No właśnie. Wystarczyło tylko lusterko.

– Lusterko? – Spogląda na mnie. – Nie rozumiem?

– Lusterko, które miała w ręku twoja siostra – wyjaśniam. – Gdy wzięła mapę do ręki, lusterko leżało na jej kolanach, przypadkowo w nie spojrzałem i zobaczyłem odbijający się w nim napis z mapy, który już nie wyglądał jak szyfr. Z łatwością odczytałem:

ODPOWIEDZISZUKAJNASTRYCHU. Lustrzane odbicie, ot cała zagadka – stwierdzam dumnie. – Co prawda, brzuszek D czy nóżka od R jest w odwrotną stronę, ale bez problemu odczytałem hasło.

Oliwia i Filip patrzą na mnie z niedowierzaniem.

– Nie mamy lusterka, bo Jagoda je zabrała, ale spróbujcie po prostu odczytać to hasło od tyłu, co wam wychodzi – sugeruję, stukając palcem w mapę.

– ODPOWIEDZISZUKAJNASTRYCHU – czyta powoli Oliwka.

– Genialne – ekscytuje się Filip.

– Prostsze, niż nam się wydawało – stwierdzam.

– Czasem najprostsze rozwiązania są najwłaściwsze – dodaje Oliwka i podnosi na nas wzrok. – To co, kiedy idziemy na strych?

Czuję, jak momentalnie cierpnie mi skóra na karku. Nie wiem tylko, czy ze strachu, czy z ekscytacji.

Rozdział 7

Nie chcieliśmy długo czekać i najchętniej wybralibyśmy się na strych od razu. Jednak wiedziałem, że to niemożliwe, mama nigdy się nie zgodzi, abyśmy tam poszli. Gdy tamtego lata rzuciłem w pewien deszczowy dzień pomysł, aby poszperać na strychu, kategorycznie nam tego zabroniła, mówiąc, że to nie jest miejsce do zabawy dla dzieci. Bardzo prosiliśmy, więc wreszcie zabrał nas tam tata, ale teraz tata wyjechał, a mama nie pozwoli, abyśmy poszli tam bez osoby dorosłej, sama zaś nie będzie chciała nam towarzyszyć.

KOD
CEZAR

Postanowiłem, że wejdziemy na strych, gdy mama zaśnie, na co z kolei nie miała zamiaru zgodzić się Oliwka.

– Chcę być tam z wami, a przecież w nocy babcia nie puści mnie do was – zauważyła przytomnie.

– A może rozbijemy namiot na działce? – zaproponowałem. – Tata obiecał, że w te wakacje będziemy mogli spać w namiocie, nawet już go kupił, tylko nie zdążył rozłożyć, bo musiał pojechać w interesach.

– To superpomysł! Poproś babcię, żebyś mogła z nami spać w namiocie – zasugerował Filip. – Albo my powiemy mamie, żeby zagadała z twoją babcią.

– To absolutnie wykluczone. – Oliwka pokręciła głową. – Jagoda na pewno też będzie chciała ze mną pójść, a jest za mała na to, żeby spać w namiocie, i babcia się nie zgodzi.

To fakt, poza tym niepotrzebna nam Jagoda. Co prawda, to dzięki niej rozwiązaliśmy zagadkę, ale wystarczy tyle pomocy z jej strony.

– To może pójdziemy na strych, gdy mama pojedzie na zakupy – stwierdziłem.

– Lody się skończyły – zauważył Filip. – Poproszę ją, żeby pojechała po lody.

– Pojutrze wraca tata, więc mama na pewno jutro wybierze się na zakupy, zazwyczaj gdy kilka dni go nie ma, przygotowuje mu jakieś jego ulubione danie, a on zawsze, ale to zawsze coś jej przywozi z delegacji.

– Szczęściara – wtrąciła Oliwka.

– Nam też – dopowiedziałem. – Oczywiście nie tak jak jej, kwiaty, czekoladki czy perfumy, ale zawsze możemy na coś liczyć.

– Szkoda, że moi rodzice tak często nie wracają. Jak wyjadą, to już na dłużej i zazwyczaj po powrocie dostaję od nich jeden prezent.

– Prezent nie jest przecież żadnym obowiązkiem – powiedział Filip. – Ale miło, jak jest – dodał z uśmiechem. – Zwłaszcza ptasie mleczko!

Przewróciłem oczami i wróciłem do tematu:

– Dobra, to jaki jest plan?

– Jak tylko wasza mama pojedzie na zakupy, dacie mi znać i ja się do was wymknę. Ile zazwyczaj jej schodzi?

– To zależy, ale minimum godzina.

– Damy radę – stwierdziła Oliwka. – To teraz rozstajemy się, ja idę do domu, spróbuję wykraść książkę z regału dziadka, tę o tajnym agencie, sprawdzę, czy pan Ziutek nie zostawił tam jakiejś ukrytej wiadomości, a wy postarajcie się, żeby wasza mama jeszcze dzisiaj pojechała do miasta po zakupy.

– Dobra.

Ustaliwszy to wszystko, ruszyliśmy, każdy w swoją stronę. Jednak niestety, nie zanosi się, że na strych wejdziemy dzisiaj, bo gdy wróciliśmy, mama siedziała na tarasie z książką w ręku, a jej mina wskazywała na to, że nie ma ochoty porzucać czytanej przez siebie historii.

– Jesteście głodni? – Podnosi na nas wzrok, gdy siadamy obok niej.

– Bardzo. – Filip poklepuje się po brzuchu.

Na pewno nie kłamie, on stale jest głodny.

– Zjadłbym jakieś kanapki albo coś na ciepło, omleta – stwierdza.

– Jajka się skończyły – zauważa mama.

– Ja też bym zjadł omleta – mówię, choć wcale nie mam na niego ochoty. Najważniejsze, żeby mama pojechała na zakupy.

– Jutro rano pojadę na targ i kupię wiejskie jaja od handlarek na targu. – Mama zamyka książkę, wstaje i kieruje się do kuchni. – Teraz mogę zrobić wam twarożek z rzodkiewką i szczypiorkiem.

Po minie Filipa wnioskuję, że chce się zgodzić, ale moje srogie spojrzenie każe mu zmienić przyjętą taktykę.

– Wolałbym omleta.

– Albo naleśniki – dodaję, wiedząc, że do nich także potrzebne jest jajko.

– Naleśniki też odpadają, z tego samego powodu co omlet, ale może grzanki z dżemem malinowym – proponuje mama.

– Jedliśmy kisiel malinowy u babci Oliwki – rzuca Filip.

– A w czym to przeszkadza?

– Mamo, a nie mogłabyś pojechać dzisiaj na zakupy? – pytam wprost.

– Nie, kochanie – odpowiada mama stanowczo. – Zobacz, która jest godzina, nie dostanę teraz ani świeżego pieczywa, ani jajek, pojadę jutro rano, zanim jeszcze wstaniecie, i zrobię wam pyszne omlety, których zapach obudzi was o poranku. Co wy na to? – pyta, głaszcząc Filipa po włosach. – A teraz twarożek czy kanapki z dżemem?

Wiem, że dalsze przekonywanie na nic się zda, ale z drugiej strony, może to i lepiej. O wiele przyjemniej będzie nam iść na strych rano, gdy świeci słońce, niż po zmroku. Oczywiście nie chodzi o to, że się boję, po prostu w dzień będzie lepiej wszystko widać.

– Twarożek – mówię.

– Ja też – dodaje Filip.

Mama znika za moskitierą, a ja chwytam za telefon, bo widzę, że dostałem wiadomość od Oliwki.

– Oliwka napisała – rzucam do Filipa. – Posłuchaj: *Przejrzałam całą książkę, żadnych śladów, nic a nic. Chyba że pan Ziutek zapisał wiadomość atramentem sympatycznym.*

– Czyli? – przerywa Filip. – Co to znaczy atrament sympatyczny?

– No takim, co znika po wyschnięciu – tłumaczę. – Nie robiłeś takich eksperymentów w przedszkolu? – pytam.

– Nie. – Kręci przecząco głową.

– Możesz zapisać coś na przykład sokiem z cytryny i gdy wyschnie, nic nie będzie widać, chyba że podstawisz kartkę pod płomień ognia albo przejedziesz po niej żelazkiem, wtedy pojawi się tekst.

– Aha. To może napisz do Oliwki, żeby wyprasowała książkę – sugeruje.

– No co ty, a jeśli za długo przytrzyma i ją spali?

Ostatnio tata prasował koszulę, rozmawiając przez telefon, który przyciskał uchem do ramienia, i przypalił rękaw.

– No tak – zgadza się Filip, zapewne przypomniał sobie to wydarzenie. – Jakby coś się stało z tą książką, byłoby szkoda, a poza tym jej dziadek mógłby się zasmucić, to przecież prezent.

– No właśnie.

– Proszę, chłopcy – mówi mama, wychodząc na taras z miseczkami z twarożkiem. – A jutro rano będą omlety – dodaje, stawiając kolację przed nami. – Jak zjecie, wstawcie talerze do zmywarki, idę się już wykąpać, skoro świt czeka mnie wyprawa na targ – dodaje z uśmiechem w głosie, znikając w domu.

Biorę telefon do ręki i piszę do Oliwki: *Rano wyprawa na strych. Mama jedzie na targ, napiszę, jak tylko wyjedzie, trzymaj telefon przy łóżku.*

Rozdział 8

Długo nie mogę zasnąć, a może nawet nie chcę, bojąc się, że przegapię wyjazd mamy do miasta i przez to nasz plan się nie powiedzie. Wpadłem nawet na pomysł, aby namówić Filipa na wyprawę razem z mamą po zakupy, ale nie chciał się zgodzić.

– To ma wiele zalet – przekonywałem go. – Po pierwsze, mama zbudzi ciebie rano, wtedy na pewno nie przegapimy jej wyjazdu, po drugie, na pewno namówisz ją na kupienie ci ptasiego mleczka, a po trzecie, gdy będziecie wracać z miasta, dasz mi znać na WhatsApp. To nam pozwoli z Oliwką bezpiecznie wrócić ze strychu.

– Ale ja chcę pójść tam z wami – upierał się. – Nie ma mowy, że ominie mnie taka akcja.

Już chciałem powiedzieć, że to niebezpieczne, bo być może tam są duchy, ale szybko zdałem sobie sprawę, że to go tylko zachęci do wyprawy na strych. Nie ma nic lepszego dla fana Scooby'ego. A poza tym jeśli nie przekonała go nawet wizja ptasiego mleczka, dalsze przekonywanie nie miało sensu.

– Dobra – dałem za wygraną. – Tylko też staraj się spać na czuwaniu, abyśmy nie przegapili wyjazdu mamy do miasta.

Oczywiście wiedziałem, że cały ciężar odpowiedzialności za „akcję strych" spada na mnie. Filip zasypia, ledwo głowę przyłoży do poduszki, a potem zapada w głęboki sen i śpi jak smok, czego dowodem jest ciche pochrapywanie, które dobiega z jego części pokoju.

Ja dla odmiany od godziny przewracam się z boku na bok i nie mogę znaleźć sobie wygodnego miejsca. Znowu słyszę te odgłosy nade mną, uderzenia pazurów o deski, coś biega z kąta w kąt. A może jest tam więcej zwierząt? Cała rodzina kun, szczurów lub łasic? A jeśli nas zaatakują, gdy wejdziemy na ich terytorium? Jakby nie było, to drapieżniki. Momentalnie czuję nieprzyjemny chłód na plecach. Tak czy inaczej, nie mamy wyjścia, musimy udać się na strych, w przeciwnym razie nie rozwiążemy zagadki. Szkoda, że można się tam dostać jedynie po drabinie, bo z chęcią zabrałbym ze sobą Kowboja, on wystraszyłby wszystkie gryzonie. Tym razem jednak trzeba będzie poradzić sobie bez niego. W małym plecaczku, który stoi spakowany za łóżkiem, schowałem latarkę, świeczkę, aerozol przeciwko muchom i innym owadom latającym oraz zapałkę, niestety tylko jedną. Mama chowa je przed nami, mówiąc, że dzieciom nie wolno bawić się ogniem, ale jedną znalazłem na podłodze koło kominka. Pewnie samotna zapałka do niczego się nie przyda, ale wrzuciłem ją do plecaka. Ciekawe, co nas tam czeka. Czy znajdziemy odpowiedzi na wszystkie pytania?

Budzi mnie jakiś dźwięk, nie jest to stukot zwierzęcych stóp na suficie, tego jestem pewien. Otwieram oczy, w pokoju jest już widno. Zaspaliśmy? Zrywam się na równe nogi i wypadam z pokoju. Łóżko w mamy sypialni jest równo zaścielone. Pojechała. Kiedy? Ile mamy czasu? Jak mogłem tak mocno zasnąć i przegapić jej wyjazd? Zza okna dobiega dźwięk odpalanego silnika, ukradkiem wyglądam na zewnątrz, mama wyjeżdża przed bramę, wysiada i zamyka ogrodzenie, a potem ponownie wsiada za kierownicę i odjeżdża. Musiał zbudzić mnie dźwięk zamykanych przez nią drzwi na dole. Najważniejsze, że niczego nie przegapiłem. Mamy co najmniej godzinę, aby zrealizować naszą tajną misję. Biegiem wracam do pokoju.

– Wstawaj. – Szarpię Filipa za nogę.

Niemrawo otwiera oczy.

– Która godzina?

– Nie wiem – odpowiadam, zakładając spodnie. – Ale mama właśnie pojechała do miasta, przystępujemy do działania.

On także podrywa się z łóżka i zaczyna się ubierać. Biorę telefon do ręki i piszę wiadomość do Oliwki, dosłownie po kilku sekundach odpisuje, że już nie spała, że jest gotowa i za chwilę u nas będzie. Zarzucam plecak na ramię i wychodzę z pokoju. Kowboja nie ma, najpewniej mama zostawiła go na zewnątrz.

Będę musiał zwabić go do domu, na szczęście przewidziałem taką sytuację i mam dla niego jego przysmak, który schowałem wczoraj w szafce w przedpokoju. Wychodzę na zewnątrz, wołam Kowboja i rzucam mu kawałek swojskiej kiełbasy i sztuczną kość do zabawy.

– Szybko – mówię do Filipa.

Jeszcze w jednym bucie wypada na taras, a ja zatrzaskuję Kowboja w domu.

– Przez godzinę nawet nie piśnie słowa – stwierdzam, przekręcając klucz w drzwiach.

– Dlaczego zamykasz go w domu, nie może biegać na podwórku?

– Nie. Jak wejdziemy na górę, może zacząć próbować wejść za nami, przewróci drabinę i odetnie nam drogę powrotną ze strychu.

– Racja – zgadza się Filip, kończąc sznurować but.

Na strych wchodzi się od strony ogrodu, trzeba podstawić wysoką, drewnianą drabinę, a potem zdjąć skobel założony na malutkich drzwiach. Pierwszy raz, gdy tu przyjechaliśmy i Filip zwrócił uwagę na te pomalowane na błękitno drzwiczki pod dachem, powiedziałem z zachwytem:

– Wygląda, jakby mieszkały tam krasnoludki.

Kto wie, może mieszkają tam jakieś leśne skrzaty, elfy czy inne stworzenia. I to one biegają w nocy, a nie żadne kuny czy szczury? Wolałbym, żeby to były one – mówię do siebie w myślach, chwytając za drabinę. Filip staje za moimi plecami.

– Pomóż mi.

Drabina jest ciężka i zajmuje nam trochę czasu, nim przystawimy ją idealnie, aby dotykała malutkich drzwiczek na górze.

– Jestem! – Rozlega się za naszymi plecami. Oliwka też ma na sobie malutki plecaczek.

– Myślisz, że są tam pająki? – pyta.

– Eee, nie sądzę – mówię obojętnym tonem. Nie chcę, żeby teraz się wycofała.

– Na strychu jest bardzo gorąco, byłem raz tam z tatą, pająki nie lubią gorąca – znów kłamię. – A poza tym, nie widziałem ich tam.

Oliwka nic nie odpowiada, nie wiem, czy się zorientowała, że blefuję, czy nie chce już dłużej rozmawiać na ten temat, bo jak najprędzej zamierza dostać się na górę.

– Idź pierwszy – mówi, spoglądając na mnie.

– W porządku – zgadzam się, przełykając głośno ślinę.

– Jak będziesz na górze, dopiero ja zacznę się wspinać, a potem Filip – mówi. – Lepiej nie ryzykować, że drabina złamie się pod

CHW

Oliwka
Przejżałam całą książkę, żadnych śladów, nic a níc

naszym ciężarem, gdy wszyscy jednocześnie zaczniemy wchodzić.

To raczej mało prawdopodobne, tata waży więcej niż my we troje, ale nie komentuję tego, tylko ruszam po szczeblach na górę. Zatrzymuję się u szczytu i zdejmuję drewniany skobel.

– Trzymajcie drabinę – rzucam, nie patrząc w dół. – Będę otwierał drzwi, potrzebuję do tego obu rąk.

Po tych słowach ciągnę drewniane drzwiczki do siebie. Na początku nie chcą się otworzyć. Mam wrażenie, że coś lub ktoś trzyma je od środka.

– Nie mogę otworzyć – powiadamiam ich.

– Spróbuj mocniej – krzyczy z dołu Filip.

Wkładam w to więcej siły i drzwi rzeczywiście się otwierają. Przez moment tracę równowagę, wydaje mi się, że za chwilę runę w dół, ale szybko przytrzymuję się drzwi i zerkam na nich.

– Gotowe – komunikuję dumnie. – Wchodzę do środka, ruszajcie za mną.

Przestępuję próg strychu i fala gorąca uderza mnie w twarz. Przypominam sobie tę duchotę, zapach staroci i unoszący się w powietrzu kurz, od którego kręci mnie w nosie. Kilkukrotnie kicham i wchodzę w głąb pomieszczenia. Dookoła panuje półmrok, wpadające z zewnątrz światło rzuca bladą poświatę na ogromną szafę stojącą pod ścianą. W strudze światła, która wpada przez maleńkie okno znajdujące się po przeciwnej stronie strychu, wirują drobinki kurzu, omiatam spojrzeniem wnętrze w poszukiwaniu kun, szczurów czy innych zwierząt. Sięgam do plecaka po latarkę i słyszę, jak drabina trzeszczy, zapewne wspina się właśnie po niej Oliwka.

Po chwili zauważam w drzwiach jej głowę i wyciągam do niej rękę, aby pomóc wejść jej do środka.

– Ale gorąco – zauważa, stając obok mnie.

Ma zaróżowione policzki, a jej spojrzenie jest inne niż zawsze. Boi się czy jest podekscytowana tym, że za chwilę możemy rozwiązać naszą zagadkę?

– Poczekajmy jeszcze na Filipa. – Nasłuchuję, czy teraz mój brat się wspina. – I widzisz, nie ma tu żadnych pająków – dodaję.

Strych wygląda nad wyraz porządnie, na pierwszy rzut oka nie widać niczego, co by mogło stanowić zagrożenie, jednak wszystko może się zmienić, gdy podejdziemy do drewnianej szafy i tych kilku wielkich, starodawnych walizek, które stoją obok siebie z drugiej strony pomieszczenia. Po chwili dołącza do nas Filip.

– Minęło piętnaście minut od wyjazdu mamy – zawiadamia, poprawiając czapkę z daszkiem na głowie.

– No więc nie mamy czasu do stracenia. Od czego zaczynamy? – pytam.

– Szafa – mówi Oliwka, wskazując przed siebie.

Robimy krok do przodu, gdy nagle coś przebiega za naszymi plecami. Oliwka zakrywa ręką usta, żeby nie wrzasnąć, a ja i Filip zastygamy w miejscu jak rażeni piorunem.

Rozdział 9

Co to było? – pyta Oliwka, zerkając na nas. Wszyscy oglądamy się, ale nie ma nikogo ani niczego.

– Nie wiem – bąka Filip.

Jego mina jest daleka od tej zrelaksowanej i rozbawionej. Wtedy gdy ogląda kolejny odcinek Scooby'ego, wygląda zupełnie inaczej. Najwyraźniej nie tak łatwo być pogromcą duchów jak jego ulubiona postać.

– To zapewne to zwierzę, które tu mieszka. Wciąż słyszę, jak coś biega po suficie.

– Dopiero teraz nam to mówisz? – wyrzuca oburzony Filip.

– Myślałem, że ty też to słyszysz. Te dźwięki nad naszymi głowami – wyjaśniam.

– Nie żartuj – mówi Oliwka. – To nie jest śmieszne.

– Serio – mówię. – Ale spokojnie – dodaję, widząc, że ani jemu, ani Oliwii nie jest do śmiechu. – To coś jest mniejsze od nas i zapewne boi się w tej chwili bardziej niż my.

– Ja się nie boję – ogłasza dumnie Filip.

– Ja też nie – deklaruje Oliwka.

Przez chwilę wszyscy jeszcze nadsłuchujemy odgłosów, ale dookoła panuje cisza, zapewne zwierzątko schowało się do swojej norki, zdziwione, że ktoś obcy pojawił się na jego terytorium.

– No to świetnie – podsumowuję. – W takim razie przystępujemy do działania.

Ruszamy w stronę drewnianej szafy. Podłoga skrzypi pod naszymi nogami. I nagle ni stąd, ni zowąd przypomina mi się rozmowa mamy z przyjaciółką. Ciocia Marysia jest psychologiem i gdy razem się spotykają, często poruszają dziwne tematy. Rozmawiają, używając tajemniczych haseł i wyrażeń, których nie rozumiem, ale ostatnio, gdy była u nas, mówiły o trupie w szafie.

– Dobrze wiesz, moja droga, że każda rodzina trzyma trupa w szafie – powiedziała ciocia Marysia.

Nastawiłem uszu, będąc ciekaw, czy mama potwierdzi jej teorię. Akurat chciałem wyjść na boisko, ale przycupnąłem w przedpokoju, gdzie mnie nie widziały, i czekałem na zakończenie tej historii.

– To wiadomo – odpowiedziała mama. – Czasem nawet niejednego.

Niejednego? To ile? Po plecach przeszły mi ciarki, tym bardziej że akurat stałem koło szafy w przedpokoju. Czy w naszej szafie też jest trup? A może właśnie w tej, do której teraz zmierzamy, skoro niektóre rodziny chowają nawet ich kilka? I dlaczego w szafie, a nie w grobowcu na cmentarzu? Gdy ciocia Marysia wyszła, podszedłem do mamy i zapytałem wprost:

– Jakiego trupa trzymamy w szafie?

– Słucham? – Odwróciła się, spoglądając na mnie ze zdziwioną miną.

– Słyszałem, jak ciocia mówiła, że każda rodzina trzyma trupa w szafie, a ty powiedziałaś, że nawet niejednego.

Mama roześmiała się głośno.

– To w przenośni – wyjaśniła.

– Czyli? – Nadal nie rozumiałem.

– Tak się mówi o wstydliwej tajemnicy, którą ktoś skrzętnie ukrywa, bojąc się utraty dobrej opinii. – Spojrzała na mnie z uśmiechem. – Tak naprawdę nikt nie chowa żadnego trupa w szafie – dodała, głaszcząc mnie po głowie.

– Nie rozumiem, to jest trup czy go nie ma?

– Nie ma. Możesz być spokojny.

Nie kontynuowałem wątku, ale teraz bardzo tego żałuję. A jeśli w tej właśnie szafie, na której Oliwka kładzie rękę, naprawdę jest ukryty trup? I wypadnie na nas, gdy tylko otworzymy drzwi?

– Poczekaj – mówię stanowczo.

Odwraca się w moją stronę.

– Na co? Mamy mało czasu – zauważa.

Ona naprawdę się nie boi? Tym bardziej ja powinienem zachować, jak to mówi tata, zimną krew.

– Ja to zrobię – rzucam, wymijając ją i podchodząc do szafy.

Kładę rękę na wystającym ze starego zamka zardzewiałym kluczu i ciągnę drzwi do siebie.

Moje serce przyśpiesza, choć bardzo chcę być spokojny. Nie ma żadnego trupa w szafie, pocieszam siebie w myślach. Mama nigdy nie kłamie. Pociągam mocniej za drzwi i nagle coś wypada z szafy i uderza mnie w głowę.

– Aaaa! – odskakuję, krzycząc z przerażenia.

Dociera do mnie, że wszyscy jednocześnie piszczymy. A jednak trup – przebiega mi przez myśl, zaciskam oczy, bojąc się je otworzyć.

– Dywan – mówi Oliwka. – To tylko zwinięty w rulon dywan.

Otwieram oczy i patrzę na leżący obok mnie wałek, którego uderzenie w czoło rozcieram ręką. To rzeczywiście stary dywan.

– A jeśli zawinięty jest w niego trup? – pyta Filip, jakby czytał w moich myślach. – W jednym z odcinków Scooby'ego... – zaczyna, ale przerywa mu Oliwka.

– Jakby zawinięty był w niego trup, od razu byś to wyczuł, śmierdziałoby na kilometr i byłoby tu pełno much... Jak one się nazywają... – Próbuje sobie przypomnieć, marszcząc czoło. – No te, które żywią się zwłokami.

Spoglądamy na nią zdzwieni.

– W jakimś filmiku na YouTubie o tym było – wyjaśnia. – Nie ma żadnych much, nie śmierdzi, więc nie ma trupa. Zobaczmy, co jeszcze tam mamy – dodaje, przekraczając dywan i otwiera drugą połowę szafy. – Same puste butelki, z etykietami w jakimś obcym języku – zauważa. – Myślę, że nie tego szukamy – sugeruje.

– Sprawdzajmy dalej, bo w każdej chwili może wrócić mama – dodaje Filip.

– Racja, musimy się pośpieszyć – stwierdzam. Otwarta połowa szafy, z której wypadł dywan, też jest mało interesująca, wiszą tam jakieś stare ubrania, palta, kurtki, nic ciekawego.

– Może otwórzmy teraz te walizki – sugeruje Oliwka.

W rogu stoją wielkie walizki, takie starodawne, ze skóry, bez kółek i wyjmowanej rączki. Kiedyś to było pod każdym względem trudno podróżować.

– Są trzy walizki – stwierdza Oliwia.

– Tak jak trzech odkrywców – mówi Filip, pokazując na nas. – Każdy zajmuje się swoją, pstryka zdjęcia poszczególnych rzeczy, potem, gdy stąd zejdziemy, na spokojnie to przeanalizujemy. Chyba że są w nich same ubrania, to od razu mamy sprawę z głowy.

Zgadzamy się z nim. Walizki są identyczne i w takim samym stopniu zniszczone. Najwyraźniej pan Ziutek miał liczną rodzinę, skoro musieli zabierać ze sobą w podróż tyle wielkich toreb.

– O, ja! – wzdycha Filip, próbując podnieść pierwszą z brzegu. – Ta jest ciężka, jakby ktoś schował tam trupa.

Zerkamy na niego jednocześnie.

– Przecież ci mówiłam – zaczyna Oliwia, ale nie widać na jej twarzy takiej pewności jak kilka minut temu – że jeśli byłby tam trup...

– Tak, wiem, śmierdziałoby na kilometr, ale gdyby ktoś schował trupa do walizki z grubej skóry, takiej jak ta, zapach mógłby się nie przedostać, nie przyciągnęłoby to tych much – stwierdza, zerkając na Oliwię. – Nie było o tym w tym filmiku, który oglądałaś?

– Nie strasz, tylko otwieraj zamek! – wydaje polecenie. – Ale na początek tak malutko – zaznacza. – Jeśli nie buchnie smród, otworzymy do końca.

Zgadzamy się z nią. Filip odsuwa zamek na kilka centymetrów i przystawia nos do walizki.

– Cuchnie jakby szczurem. – Unosi głowę. – Zdechłym szczurem.

Oliwka robi przerażoną minę. Najwyraźniej boi się nie tylko pająków, ale także szczurów.

– A skąd ty wiesz, jak śmierdzi zdechły szczur? – pytam, podchodząc do niego i przykładając nos do walizki. – Czuć starą skórę – rzucam. – Może trochę taki zapach piwnicy, ale na pewno nie szczura, i to w dodatku zdechłego.

– A ty skąd wiesz, jak pachnie zdechły szczur? – pyta Filip.

– Nie pachnie, tylko śmierdzi – poprawiam go. – No nie wiem, ale na pewno to nie zapach trupa, żadnego szczura czy nie szczura – wyjaśniam.

Chwytam za zamek i otwieram walizkę, klapa opada, uderzając głośno w podłogę i unosząc chmurę kurzu. W środku jest pełno książek. Sięgam po pierwszą z góry.

– To jakieś podręczniki chyba – zauważam. – *Fizyka wokół nas*, *Teoria chaosu dla odważnych* – czytam kilka pierwszych tytułów.

Oliwka klęka obok i przegląda książki.

– Wrócimy do tego później, teraz kolejna walizka – stwierdza.

Druga jest dla odmiany lekka niczym piórko. Filip podnosi ją i lekko nią potrząsa.

– Nic nie słychać – stwierdza. – Chyba jest pusta.

– Daj, ja otworzę – oferuje się Oliwia.

Tym razem nie robimy testu obwąchania, Oliwka od razu chwyta za zamek i go odpina. Momentalnie wszyscy wrzeszczymy z przerażenia, bo na jej stopy wypada gruby warkocz blond włosów.

– Trup! – krzyczy Oliwka, odskakując do tyłu.

– Spokojnie – mówię, choć samemu wali mi serce.

Walizka, którą wypuściła z ręki, się otworzyła. Jest w niej pełno włosów. Różne kolory, czarne, brązowe, żółte, różowe, zielone, kucyki, warkocze.

– O co chodzi? – zastanawia się Filip. – Co to jest?

– To sztuczne włosy – mówi Oliwka, pochylając się i biorąc do ręki różowe pukle. – Peruki – wyjaśnia. – Czuję w dotyku, są takie jak u lalek Jagody.

– Po co temu panu Ziutkowi były sztuczne włosy? I tak dużo?

– Może był łysy – sugeruje Filip.

– I zakładał na głowę warkocze jak jakaś dziewczyna?

– To może był fryzjerem – stwierdza mój brat.

Obok warkoczy leżą kolorowe chusty i szale.

– To mi wygląda na walizkę jego żony lub jakiejś córki czy mamy, chłopaki takich rzeczy nie noszą – zauważam.

– Racja – zgadza się Oliwka. – To na pewno nie jego rzeczy.

– Nic tu ciekawego nie znajdziemy – stwierdzam, upychając warkocze i chusty na powrót do walizki.

Oliwka kuca obok mnie i niby mi pomagając, bierze po kolei do rąk kolorowe włosy. Najwyraźniej zawartość walizki żony pana Ziutka wydaje się jej ciekawa, ale nie mówi tego na głos, tylko pozwala mi wszystko schować w środku i zamknąć zamek. Wszyscy nachylamy się nad ostatnią walizką. Serce wali mi jak szalone, czuję, że tam może w końcu być coś wartościowego, coś, co będzie miało dla nas znaczenie, co pomoże nam rozwiązać zagadkę skarbów.

– Ile czasu nam zostało? – pyta Oliwka.

– Mamy nie ma już czterdzieści minut – zauważa Filip, zerkając na swój nowy zegarek, który dostał od rodziców na Dzień Dziecka.

– Za dziesięć minut musimy stąd iść – mówię. – Trzeba zejść i odstawić drabinę na miejsce, to nam może zabrać trochę czasu.

– Zgoda – mówi Oliwka. – Sprawdzamy, co jest w ostatniej walizce, i idziemy stąd, najwyżej wrócimy tutaj, gdy twoja mama znów pojedzie na zakupy.

Nie mówię jej, że jutro wraca tata i będzie trudno o kolejną dogodną sytuację, gdy nikogo z dorosłych nie będzie w domu. Oliwka kuca i chwyta za zamek. Chwilę się z nim mocuje, nie może otworzyć.

– Jest zardzewiały – skarży się. – Nie da się go otworzyć.

– Pokaż. – Kucam obok niej.

Rzeczywiście ani drgnie. Nagle przypominam sobie o świeczce w moim plecaku. Gdy zamek w kurtce się zacina, dziadek zawsze używa w tym celu świeczki, mówiąc, że jeśli potrze się woskiem, działa jak nowy. Oby to się sprawdziło także w tym przypadku.

– Na szczęście wziąłem świeczkę – mówię, sięgając do plecaka.

– Świeczkę? – pyta Oliwka.

– Dziadek mówi, że wosk jest najlepszy na zardzewiały zamek. – Filip najwyraźniej też zapamiętał te złote rady.

Pocieram świeczką wzdłuż zapięcia, patrząc, jak drobne wiórki wosku upadają na podłogę.

– Dobra, powinno się już otworzyć, sprawdźmy – mówię.

Chwytam za zapięcie i dokładnie w tej samej chwili z dołu dobiega odgłos silnika nadjeżdżającego samochodu.

– Mama wróciła!

– Już po nas – dodaje Filip.

– Zmywajmy się stąd – krzyczy Oliwka. – I to już!

Rozdział 10

Poczekajcie – mówię, próbując otworzyć zamek, lekko drgnął, wystarczy jeszcze trochę wosku i po sprawie. – Nie możemy teraz stąd pójść, nie, gdy jesteśmy o włos od rozwiązania zagadki – dodaję, wciąż kombinując przy zapięciu.

– Teraz – poprawia mnie Oliwia, stojąc już przy wyjściu – to nie możemy tu zostać. Wiesz, że jeśli twoja mama się dowie, że weszliśmy bez pytania na strych...

– Wiem – przerywam jej.

Konsekwencji tego, co może nas spotkać nie musi mi wyjaśniać.

Mamę może jeszcze jakoś udałoby się podejść, przeprosić, obiecać, że już więcej nie będziemy wchodzić po chybotliwej drabinie, ale z tatą nie pójdzie tak łatwo. Po to są zasady, aby ich przestrzegać – niemal słyszę jego karcące słowa i w wyobraźni widzę te wszystkie szlabany, którymi zostanie obwarowane moje wakacyjne życie. Mimo wszystko, podejmę to ryzyko. Rozwiązanie zagadki jest najważniejsze.

– Idźcie sami – rzucam. – Ja zostanę.

– Co? – Oliwa się odwraca, już jedną nogę postawiła na najwyższym szczeblu drabiny. – Nie wygłupiaj się i chodź już, nie mamy czasu!

Dobrze wiem, że nie mamy. Zaledwie cztery, pięć minut, tyle zajmie mamie otwarcie bramy, zaparkowanie tyłem, ponowne zamknięcie ogrodzenia, wejście do domu i odkrycie, że nie ma nas w łóżkach.

– Serio – mówię pewnie. – Wy pójdziecie, ja zostanę, przejrzę wszystko na spokojnie, nie wiadomo, kiedy znów nadarzy się okazja, żeby tu się dostać.

– Wykluczone – stawia się Filip. – Nie zostawimy cię tu na pożarcie duchów lub tego, co tu za nami przeleciało – dodaje, wskazując ręką w róg pomieszczenia.

Na samo wspomnienie odgłosów, które każdej nocy dochodzą ze strychu, czuję nieprzyjemny chłód na plecach, ale przecież teraz jest dzień, a nie noc, a poza tym ja jestem nieustraszony. Szczur czy kuna, nie boję się tych małych gryzoni. Bartek z mojej klasy ma dwa szczury, które śpią z nim w pokoju i bawią się z nami, gdy go odwiedzam. To naprawdę nic strasznego i nie rozumiem, dlaczego niektórzy ludzie reagują na te zwierzęta takim przerażeniem.

– Idźcie, razem odłożycie na miejsce drabinę, tak żeby mama się nie zorientowała, że zdejmowaliśmy ją z haków – zwracam się do brata. – Zajmiesz się mamą, powiesz, że poszedłem do Oliwki, a ty – teraz patrzę w stronę koleżanki – będziesz musiała jakoś zwabić mamę do was. Jak wszystko przejrzę, powiadomię cię, a kiedy mama pójdzie do twojej babci, dasz znak Filipowi i on pomoże mi stąd zejść.

– Nie uda mi się samemu przystawić drabiny – mówi mój brat. – Kuba, nie świruj, chodź z nami, przyjdziemy tu innym razem.

Słyszymy jak mama wjeżdża za ogrodzenie, czas się nieubłagalnie kurczy.

– No już – ponaglam ich. – Idźcie i zajmijcie ją czymś. Nic mi się nie stanie, obiecuję.

Po ich minach widzę, że nie są do końca przekonani do mojego pomysłu, ale posłusznie schodzą z drabiny, zostawiając mnie samego na strychu. Wychylam się i pomagam im zabrać drabinę, a potem przymykam drzwi wejściowe, aby mama nie zorientowała się, że tu jestem. W pomieszczeniu zapada niemal ciemność, a ja czuję, jak zalewa mnie fala strachu.

Rozdział 11

Nie mam jednak czasu do stracenia. Znajduję w plecaku latarkę, uruchamiam ją i kładę na podłodze. Kucam koło walizki i szarpię za zamek, nie chodzi jak trzeba, ale udaje mi się otworzyć na kilka centymetrów. Przykładam do szpary nos, robię test trupa i gdy zawartość walizki przechodzi go pomyślnie, otwieram zamek szerzej. W środku jest pełno zeszytów, nie takich z kolorowymi, błyszczącymi okładkami, jakie teraz można kupić w sklepie, tylko starych, szarawych. Rogi niektórych zeszytów są pozaginane, otwieram pierwszy, który wziąłem do ręki, i wertuję. Na każdej stronie znajduje się rysunek. Ołówek, węgiel, kredka, pod każdym ze szkiców ten sam charakterystyczny inicjał u dołu strony, który widziałem na fajce i piórze: JC. To nie mogą być rysunki tego pisarza lub starożytnego wodza, a więc kogo? Wertuję kolejne zeszyty i w każdym znajduję rysunki oraz inicjał JC u dołu strony. Przypomina mi się, że dziadek Oliwii wspominał, że pan Ziutek lubił malować. W walizce jest też kilka książek, wszystkie o technikach malarskich. Zauważam, że wewnętrzna kieszeń walizki jest wybrzuszona, coś tam jest schowane. Ostrożnie wkładam rękę i wyczuwam coś twardego. Zaglądam do środka, świecąc w to miejsce latarką, znajduję kolejny zeszyt, albo raczej coś w rodzaju pamiętnika w skórzanej okładce. Czuję, jak serce zaczyna bić szybciej. Tu, w przeciwieństwie do innych zeszytów, nie ma rysunków, kartki są zapisane. Gdy mam zabrać się do czytania, słyszę szmer za sobą. Odwracam się gwałtownie, coś przeleciało na drugi koniec strychu. Szczur albo kuna, nie ma co do tego wątpliwości. Robię krok w tamtym kierunku, gdy słyszę rozmowy docierające z ogrodu. Mama, Filip, Oliwka, nie słyszę, o czym rozmawiają, ale są tu. Dosłownie kilka metrów poniżej mnie. Co oni tu robią? Mieli odciągnąć mamę, zająć ją czymś, dlaczego przyszli tutaj? I nagle dociera do mnie tak dobrze znany dźwięk, który napawa mnie przerażeniem. Puk, drabina uderza o drzwiczki. Ktoś wchodzi po szczeblach na górę. Wyraźnie to słyszę!

– Kuba! – woła mama. – Kuba!

O nie! Mama dowiedziała się, że jestem na strychu! Szczeble drabiny coraz głośniej uginają się pod ciężarem jej ciała, jest coraz bliżej. Chowam zeszyt w skórzanej oprawie do plecaka, zatrzaskuję walizkę i prostuję się w momencie, gdy blask dziennego światła wpada przez uchylone drzwi, w których widzę głowę mamy.

– Mamo – zaczynam. – Już schodzę.

– Dlaczego weszliście tutaj bez mojej zgody? – pyta, wchodząc do środka.

– Ja nic nie powiedziałem – odzywa się Filip, stając za nią.

– Sama się domyśliłam, drabina była inaczej odstawiona niż zawsze, a ich miny – wskazuje na mojego brata i Oliwię, która też zdążyła wdrapać się na górę – mówiły same za siebie. Po co tu przyszliście? – Patrzy na mnie. – Przecież mówiłam ci, że jak wróci tata, sprawdzi te odgłosy dobiegające ze strychu. Mogliście spaść z drabiny, to naprawdę nieodpowiedzialne...

Głośny szmer dobiegający z rogu pomieszczenia przerywa jej wywód. Mama milknie i odwraca głowę.

– Teraz mi wierzysz? – pytam, patrząc na mamę, która idzie w tamtą stronę.

Nigdy nie sądziłem, że jest taka odważna. Przesuwa w bok stare krzesło i nagle naszym oczom ukazuje się drewniana skrzynka, taka, w jakiej na targu handlarze trzymają jabłka lub inne rolne plony. W środku jest kuna i jej małe.

– Jakie śliczne – wykrzykuje Oliwka, robiąc krok w ich stronę.

– Nie podchodź! – zabrania mama. – Samica może różnie zareagować na naszą obecność, bronić potomstwa, lepiej, jak stąd pójdziemy, ona wie, jak się nimi zająć, nie jesteśmy tutaj do niczego potrzebni.

– Ale słodkie – zachwyca się Oliwka. – Mogę zrobić im chociaż zdjęcie?

– Nie – protestuje mama. – Samica się denerwuje naszą obecnością, chodźmy już stąd – mówi, odwracając się w stronę drzwi. – Filip schodzi pierwszy, potem Oliwka, za nią Kuba, a ja na końcu, na dole skończymy rozmowę, nie straszmy już dłużej naszą obecnością kuny z młodymi – dodaje, ruszając w stronę wyjścia.

Postępujemy posłusznie według jej wskazówek, gdy stajemy wszyscy na dole, mama prosi, aby pomóc jej odłożyć drabinę na miejsce.

– To było naprawdę nierozważne – zaczyna.

– Mamo – przerywam jej. – Widzisz, że nic się nam nie stało.

– A tak przynajmniej wiemy, że na strychu mieszka kuna z dziećmi – dorzuca Oliwka.

– A co lubi jeść kuna? – pyta Filip. – Może moglibyśmy coś dla niej zostawiać na tarasie na noc, nie musimy znów tam wchodzić. – Wskazuje głową na strych.

– Ona sobie doskonale poradzi i bez naszej pomocy – wtrąca mama.

Telefon Oliwki zaczyna dzwonić w jej plecaku.

– Babcia – mówi głośno, wygrzebując komórkę z przegródki.

Odbiera i po jej minię widzę, że nie jest zadowolona. Kończy połączenie i zwraca się do nas wszystkich.

– Babcia prosiła, abyśmy wszyscy teraz do niej przyszli, pani też – dodaje, spoglądając w stronę mojej mamy.

Robię pytającą minę, ale ona tylko spuszcza głowę i chowa telefon do plecaka. Gdy mama rusza w stronę furtki, Oliwka nachyla się do mnie i szepcze:

– Mamy kłopoty! Jagoda pokazała dziadkom naszą skrzynię skarbów.

Zerkam na nią zrezygnowany. No to wpakowaliśmy się w prawdziwe tarapaty.

Rozdział 12

Gdy wchodzimy na działkę Oliwki, jej dziadkowie siedzą na tarasie, na dębowym stole przed nimi stoi otwarta skrzynia skarbów. Jagoda klęczy na krześle i wyjmuje po kolei przedmioty ze środka. Najwyraźniej musiała powiedzieć dziadkom, że ukryliśmy w naszej bazie kufer ze skarbami. Schowaliśmy go w sejfie, ale dziadek Oliwki zna szyfr.

– Dzień dobry – wita się mama, wchodząc na taras.

– Dzień dobry, zapraszamy. – Pani Basia uśmiecha się przyjaźnie.

Mama spogląda na stojącą na stole skrzynię.

– No właśnie – zaczyna dziadek Oliwki. – Zawołaliśmy panią w tej sprawie. – Unosi się z krzesła.

– Te przedmioty należały do Ziutka – wtrąca się do rozmowy babcia.

– Pana Józefa Cybulskiego – wyjaśnia z powagą dziadek. – Wcześniejszego właściciela domku.

Mama stoi z pytającą miną, nie bardzo wiedząc, co ona może mieć z tym wspólnego.

– Ja to znalazłem – śpieszę z odpowiedzią.

Wszyscy zerkają na mnie.

– No właśnie – znów mówi dziadek Oliwki. To jego ulubione wyrażenie, stale je powtarza. – Chcielibyśmy wiedzieć, skąd to wziąłeś?

– Znalazłem pod naszym tarasem – wyjaśniam. – Skrzynia była zamknięta na kłódkę, ale jeden z kluczyków z pęku, który wisi w garażu, pasował.

– Przecież wiesz, że nie wolno ruszać cudzych rzeczy – napomina mnie mama.

– Nie o to chodzi – mówi dziadek. – Nie mamy o to żalu, niech pani się na niego nie boczy, po prostu chcieliśmy się dowiedzieć, gdzie Ziutek trzymał te swoje rzeczy. Jego fajka, pióro – wymienia, biorąc po kolei je do ręki.

– To są jego rzeczy? – przerywa Oliwka. – Przecież są na nich inicjały JC, jak tego jego ulubionego pisarza – dodaje.

– JC, to inicjały Ziutka. JC jak Józef Cybulski.

– To Józek czy Ziutek? – pyta Filip.

– Przecież Ziutek to zrobienie od Józef – wyjaśnia dziadek.

– Tak? – dziwi się mój brat. – Myślałem, że Józio, Józek, ale Ziutek?

Nagle wszystko staje się jasne. JC to inicjały wcześniejszego właściciela domku, a nie żadnego pisarza czy Juliusza Cezara. Nigdy nie słyszałem tego zdrobnienia, byłem przekonany, że Ziutek to jakieś starodawne imię.

– Pamiętam, jak palił tę fajkę, pisał tym piórem. – Dziadek Oliwki w zamyśleniu kiwa głową, oglądając poszczególne przedmioty.

– A te kamienie? – pyta Filip, nachylając się nad skrzynią.

– Uważał, że kamienie mają cudowną moc poprawy nastroju, nosił często przy sobie woreczek z kolorowymi kamieniami – wyjaśnia dziadek, kładąc na stole kamienie.

Sięga po kopertę ze zdjęciami, wyjmuje je i rozpoznaje na zdjęciu jakąś dalszą rodzinę sąsiada, potem sięga po woreczek z monetami.

– Numizmatyką też się fascynował – mówi.

– To znaczy? – pyta Oliwka, spoglądając na dziadka.

– Numizmatyka to dziedzina pomocnicza historii, zajmująca się badaniem monet, banknotów.

– A ta mapa? – pytam, biorąc ją do ręki. – Tutaj jest szyfr. – Wskazuję palcem na ciąg znaków, które dla pana Stefana wydają się ciągiem niezrozumiałych słów, a które nam udało się rozszyfrować.

Zsuwa okulary na nos i czyta bezgłośnie hasło. Po jego minie widzę, że tak samo jak my wczoraj, nie potrafi rozszyfrować słów.

– To lustrzane odbicie – stwierdzam dumnie, biorę leżące na stole lusterko Jagody, i przykładam do kartki, pokazując dziadkowi rozwiązanie zagadki.

– A to cwana bestia z tego Ziutka – mówi, śmiejąc się. – Odpowiedzi szukaj na strychu – czyta głośno.

– To dlatego weszliście na strych? – wtrąca mama. – Tam właśnie przed chwilą go znalazłam – dodaje, spoglądając na dziadka Oliwki.

– Byliście na strychu? – pyta z przejęciem babcia Oliwki. – To tak wysoko, mogliście spaść...

– Ale nic nam się, babciu, nie stało – tłumaczy Oliwka.

– Całe szczęście, ale to było niebezpieczne i daleko nierozważne – karci ją.

– I co takiego znaleźliście na tym strychu? – do rozmowy włącza się dziadek Oliwki.

– Kunę z małymi – mówi rozpromieniona Oliwka. – Takie tyciunie. – Pokazuje palcami wielkość zwierzątek. – Śliczne są.

– Chcę je zobaczyć – ożywia się Jagoda. – Chodźmy tam. – Chwyta za rękę moją mamę. – Teraz! Chcę zobaczyć zwierzątka.

– One nie lubią, jak się im przeszkadza – mówi moja mama, pochylając się nad siostrą Oliwki. – Ich mama może się zdenerwować, gdy obudzimy jej dzieci.

Jagoda nie jest zadowolona, marszczy czoło i mam wrażenie, że za chwilę się rozpłacze. Jeszcze tego nam brakowało. Filip najwyraźniej też bierze taki rozwój wypadków pod uwagę, bo zwraca się do Jagody.

– Zobacz, jakie fajne. – Bierze do ręki leżące na stole kamienie i daje siostrze Oliwii.

Jagoda pochyla się i ogląda minerały, biorąc każdy po kolei do ręki. Dziadek przesuwa palcami poszczególne monety, podnosi głowę i spogląda na mnie.

– I co znaleźliście na tym strychu? – pyta.

– No właśnie nic – stwierdzam smutno. – To znaczy nic, co by nam pomogło, co miałoby związek z tą skrzynią skarbów. Chociaż... – zaczynam, przypominając sobie o zeszycie w skórzanej oprawie znajdującym się w moim plecaku, jednak zanim zdążę o nim powiedzieć, do rozmowy wtrąca się Oliwia.

– W jednej walizce były takie superkolorowe sztuczne włosy, peruki – wymienia.

– Zapewne należały do mamy Ziutka, ona była charakteryzatorką w teatrze – wyjaśnia babcia.

– Ale co chociaż... – Dziadek najwidoczniej słuchał dokładnie, o czym mówiłem, bo zależy mu, bym dokończył opowiadać, co jeszcze znaleźliśmy na strychu. – Coś zacząłeś mówić, chłopcze. – Pan Stefan znów spogląda na mnie, sięgając do skrzyni po zwinięte w rulon gazety.

– W sumie nie wiem, czy ma to dla nas jakąś wartość – zaczynam – bo przecież nie wolno czytać cudzych listów, a tym bardziej pamiętników, mama zawsze tak mówi.

Widzę rysujące się na mamy twarzy zadowolenie.

– Masz listy i pamiętniki Ziutka? – dopytuje babcia.

– Jeden zeszyt – mówię, otwierając plecak. – Taki oprawiony w skórę, wygląda jak pamiętnik.

Wyjmuję z plecaka brulion i wręczam go dziadkowi, który siada na krześle, zsuwa na nos okulary i otwiera zeszyt na pierwszej stronie. Wszyscy wyczekujemy, kiedy zacznie czytać, ale on po cichu przebiega wzrokiem po kartkach. Zauważam, że w jego oczach pojawiają się łzy.

– Wszystko dobrze, Stefciu? – pyta babcia, kładąc dłoń na ramieniu swojego męża.

On tylko w milczeniu kiwa głową, wstaje i znika w mieszkaniu, zabierając ze sobą zeszyt.

– Nie chciałem go zasmucić – mówię, czując się odpowiedzialny za nagłe pogorszenie nastroju pana Stefana.

– A nie, nie, mój drogi, to byli najlepsi przyjaciele, zapewne przypomniał sobie dawne czasy i się wzruszył. Na starość człowiek robi się wrażliwy jak dziecko – uspokaja mnie babcia Basia. – Ziutek był wspaniały, trochę taki samotnik, nigdy się nie ożenił, nie miał dzieci, jakoś tak się ułożyło. – Rozkłada ręce. – Miał piękne, bogate życie, wszystkim się interesował, podróżował, malował, taki jak to się mówi, niebieski ptak.

Nigdy nie słyszałem tego wyrażenia, ale bardzo mi się podoba.

– Całe życie szukał skarbów, zapewne te artykuły są z tym związane – mówi, pokazując na wycinki z gazet. – Kupił sobie nawet taką aparaturę do wykrywania metalu, ale oprócz zardzewiałych puszek w ziemi w lesie nic nie znalazł. Marzyło mu się odkrycie monet z czasów rzymskich czy choć broni z lat wojny i okupacji, jakichś drogocennych przedmiotów, o jakich się czyta w gazetach. Nieraz mówił, co kto i gdzie z ziemi wydobył, a to jakiś rolnik na polu znalazł, a to leśniczy w lesie, jemu się nie udało. Wciąż powtarzał, że ziemia jest pełna skarbów, trzeba tylko umieć je wydobyć. Chciał przekazać je do muzeum, mieć swój wkład w historię, zasłużyć się dla ludzkości, jak zwykł mówić.

– A ta mapa? – pytam, wskazując na leżącą na stole mapę. – Jakiego ona dotyczy terytorium?

Babcia bierze mapę do ręki i obraca ją w dłoniach, a potem wzrusza ramionami.

– Nie mam pojęcia, kompletnie niczego znajomego nie przypomina.

– I jeszcze ten szyfr – zauważa Oliwka. – Po co napisał to zdanie w lustrzanym odbiciu?

– On miał naprawdę fantazję, trudno było za nim nadążyć. – Babcia kręci w zamyśleniu głową. – Zje pani kawałek szarlotki? – Spogląda na moją mamę. – Właśnie przed chwilą wyjęłam z piekarnika, zostawiłam, żeby chwilę ostygła. Od razu zaznaczę, że to żaden problem, będę też dla nas kroić.

– To bardzo chętnie – zgadza się mama, odsuwa krzesło i siada przy stole.

Gdy babcia znika za moskitierą, mama spogląda na mnie.

– Kiedy znalazłeś te rzeczy? Dlaczego mi o nich nie powiedziałeś? – pyta. – Przecież tyle razy ci powtarzałam, że możesz mówić mi o wszystkim.

– Wiem, mamo, przepraszam. Po prostu nie wiedziałem, jak zareagujesz. Myślałem, że może będziesz kazała oddać nam tę skrzynię i nie wyjaśnimy zagadki skarbów.

– Żartujesz. – Mama się uśmiecha. – Myślisz, że pozwoliłabym, aby mi taka niezwykła przygoda przeszła koło nosa! Sama jestem ciekawa, czego dotyczy ta mapa, i chętnie wam pomogę rozwikłać tę zagadkę.

– Super! – mówi Filip, wskakując mamie na kolana.

Cieszę się, że się nie gniewa, choć zapewne nie pochwala mojego zachowania.

– A o reszcie pogadamy w domu – dodaje, jakby czytała w moich myślach. – Zwłaszcza o wyprawie na strych!

Na taras wychodzi babcia Oliwki, niosąc w ręku tacę z szarlotką i talerzykami. Za nią kroczy dziadek. Trzyma w ręku zeszyt w skórzanej oprawie, wszyscy zerkamy na niego wyczekująco. Co tam przeczytał? Czy wie, jakiego terenu dotyczy ta mapa? Czy zna już odpowiedź na wszystkie nasze pytania?

Rozdział 13

Dziadek siada na krześle, głośno odchrząkuje, wszyscy patrzymy na niego, zastanawiając się, co ma nam do przekazania.

– Chłopcze – zwraca się do mnie. – To niesamowite, co znalazłeś.

– Naprawdę? – wyrywa się Oliwii. – Co tam jest napisane, dziadku? – mówi, podbiegając do fotela, na którym usiadł. – Wiadomo, gdzie znajduje się skarb, czego dotyczy ta mapa?

Dziadek opiekuńczo otacza wnuczkę ramieniem i podaje jej zeszyt.

– Przeczytaj, Oliwko, to jest skierowane do was, moje drogie dzieci. Józef nie miał potomstwa, nie doczekał się wnuków, a miał tyle w sobie darów do przekazania, że dzieli się nimi z wszystkimi dziećmi. Przez całe życie poszukiwał skarbów...

– Już o tym wspominałam – przerywa babcia.

– Nigdy jednak żadnych rzeczy, wartościowych historycznie i interesujących dla muzeum, nie znalazł – kontynuuje pan Stefan, nie zważając na uwagę żony. – Ale nie byłby sobą, gdyby to tak zostawił – stwierdza, uśmiechając się. – Proszę, przeczytaj – mówi, stukając palcem w otwarty zeszyt.

– *Jeśli znalazłeś ten zeszyt* – zaczyna głośno czytać Oliwka – *to na pewno też odkryłeś schowany przeze mnie skarb.* – Unosi głowę znad tekstu i spogląda mi w oczy. – *Jeśli jednak najpierw znalazłeś zeszyt, to poszukaj skarbu, który znajduje się na obszarze tej posesji. Możesz skorzystać z wykrywacza metali, to na pewno ci pomoże.*

– I bez wykrywacza metali sobie poradziliśmy – wtrąca Filip.

Zerkam na niego.

– To znaczy Kuba sobie poradził – poprawia się.

– Czytaj dalej – ponagla Oliwkę dziadek.

– *Zawsze chciałem odnaleźć skarb, ale niestety mi się nie udało* – kontynuuje Oliwka. – *Jestem już stary, więc może zabraknąć mi czasu na dalsze poszukiwania, ale wierzę,* że *ty dokończysz zaczętą przeze mnie misję. W skrzyni skarbów, którą ukryłem na terenie posesji, znajduje się mapa. Jak zobaczysz, celowo nie naniosłem na nią żadnych szczególnych miejsc, to zadanie zostawiłem tobie.*

– Poczekaj – przerywa Filip. – Rozłożę mapę.

Rozkłada na stole ręcznie narysowany plan, kładąc na każdym z jej rogów jeden z kolorowych kamieni.

– Możesz czytać – mówi, spoglądając na Oliwkę.

– *Jak zobaczysz, celowo nie naniosłem na nią żadnych szczególnych miejsc, to zadanie zostawiłem tobie* – czyta jeszcze raz ostatnie zdanie Oliwia. – *To od ciebie zależy, gdzie ukryjesz skarby. Tak, ukryjesz, nie odkryjesz.* – Przerywa czytanie i spogląda na nas ze zdziwioną minę. – Ukryjesz? Nie rozumiem – mówi.

– Ja też nie – dodaje Filip.

– No dalej, czytaj – ponaglam, bo robi się coraz ciekawiej.

– *Mapa* – Oliwia przełyka ślinę – *którą znajdziesz w skrzyni, jest przykładowa, to tylko wzór, który pomoże ci w stworzeniu własnej mapy. Na górze szyfrem zapisałem wskazówki, ale mniemam,* że *jeśli teraz to czytasz, to odszyfrowałeś hasło, wszedłeś na strych i znalazłeś ten zeszyt. Dlatego użyłem szyfru,* żeby *cię wybadać, zobaczyć, czy masz dość determinacji i wytrwałości, by powierzyć ci mój skarb.*

– Nic nie rozumiem – przerywa babcia. – Jaki skarb?

– Oliwko, czytaj dalej – mówi spokojnym głosem dziadek.

– *Przed tobą arcyważna misja do spełnienia. Na mapie zaznaczyłem siedem punktów czerwonym krzyżykiem, bo w skrzyni jest siedem pamiątek, które musisz schować. Fajka, pióro, zegarek, zdjęcia, monety, kamienie i wycinki z gazet. Rzeczy te pochodzą z XX wieku, ty dodaj coś od siebie, coś, co jest z XXI wieku, coś wartościowego, takiego, co według ciebie będzie miało wartość historyczną za sto, dwieście czy trzysta lat. Skarby przed zakopaniem do ziemi lub ukryciem w wybranych przez siebie miejscach dobrze zabezpiecz przed wilgocią, mrozem, zwierzętami. Najlepiej nadaje się do tego szklany słój, myślę, że przemyślisz dobrze tę część zadania i nie zabraknie ci wyobraźni. Narysuj mapę, zrób tyle kopii, ile skarbów ukryjesz w ziemi. Wystarczy, że ktoś odnajdzie jeden skarb, a dzięki mapie trafi do pozostałych. Na mapie zaznacz wszystkie ważne punkty, jeziora, rzeki, nazwy miejscowości, które pomogą odkrywcy zlokalizować wszystkie miejsca. Koniecznie nanieś także legendę, wyjaśniając poszczególne symbole na mapie.*

– Legendę? – wtrąca Filip. – Jaką legendę?

– Legenda na mapie – wyjaśnia Oliwka. – Zazwyczaj umieszczona jest w dolnym rogu mapy i objaśnia znaczenie symboli zaznaczonych obiektów na mapie, będziesz miał o tym na lekcjach historii w czwartej klasie.

– Czytaj dalej – mówię.

– Możesz także napisać list lub choć kilka słów od siebie – czyta dalej Oliwia – *aby szczęśliwy znalazca poczuł się doceniony i zobowiązany do*

znalezienia wszystkich skarbów i przekazania ich do muzeum. Wierzę, że podejdziesz z oddaniem do tej misji, a twój wkład w historię będzie nieoceniony. Na koniec chciałbym prosić cię o jedno. Wiesz, że nie wolno zaśmiecać lasu, ludzie nierozważnie wyrzucają tam niepotrzebne rzeczy, stare pralki, lodówki lub inne śmieci, które rozkładać się będą latami. To karygodne i niegodne prawdziwego odkrywcy zachowanie. Zanim ukryjesz w ziemi najmniejszy drobiazg, guzik lub choć grosz, wcześniej musisz na miejsce jednego przedmiotu sprzątnąć minimum trzydzieści innych z twojego otoczenia. Zrób to podczas wyprawy do lasu, nad jezioro, sprzątaj naszą piękną planetę, którą jest Ziemia. A przy odrobinie szczęścia może się tak zdarzyć, że sprzątając świat, natkniesz się na kolejny niezwykły skarb, inną skrzynię pełną niespodzianek. Wierzę w ciebie, nie zawiedź mnie, dziękuję. Józef Cybulski, dziadek Ziutek.

– Wow – mówi Filip.

– No. – Oliwka kiwa głową.

– To ci dopiero – wtrąca babcia. – Cały Ziutek.

– Mówił mi nie raz, nie dwa o tych skarbach, o tym, że to, co teraz wydaje nam się nic nieznaczącym drobiazgiem, dla potomności będzie miało wartość historyczną. A teraz oddaje swoje pióro, zegarek, fajkę, monety sprzed reformy złotego w 1995 roku. – Pan Stefan wskazuje na rozsypane na stole pieniądze. – Artykuły z gazet, których już dzisiaj nie znajdziesz na rynku, i zdjęcia krewnych – wyjmuje z pożółkłej koperty fotografie – które pokazują, jak ubierali się ludzie w latach siedemdziesiątych ubiegłego wieku. Wrzucił też do skrzyni swoje kamienie szczęścia, coś czuję, że tylko dlatego, żeby ta misja się powiodła.

– No to macie przed sobą nie lada wyzwanie – odzywa się mama.

– Tylko zanim coś zechcecie ukryć w ziemi, zapytajcie nas, czy dobrze wybraliście – wtrąca babcia. – Nie chciałabym, żeby nagle coś mi zniknęło! Niczego nie zakopujcie bez konsultacji z dorosłymi, zrozumiano?

– Jasne – zgadzam się, zastanawiając się, co moglibyśmy wybrać z naszych rzeczy, co będzie miało w przyszłości wartość historyczną.

– No to Ziutek zafundował wam pracę na całe wakacje – mówi dziadek ze śmiechem. – Zabezpieczyć odpowiednio skarby wam pomogę, ale cała reszta należy do was – dodaje, ponownie biorąc do ręki przedmioty należące do jego przyjaciela.

– Na początek zajmiemy się mapą – proponuje Oliwka.

– Najpierw trzeba znaleźć teren, gdzie zakopiemy skarby. Od tego powinniśmy zacząć – kreślę plan działań.

– Myślę, że najlepiej u nas na działce – rzuca Filip. – Lasu i jeziora nie można zaśmiecać, a poza tym tam skarby mogą zostać wykopane przez dziki lub inne zwierzęta.

– Ale najpierw sprzątanie świata – zauważa Oliwka. – Tak jak prosił nas dziadek Ziutek – mówi.

– Od tego zaczniemy – zgadzam się. – Bierzemy worki na śmieci i idziemy do lasu sprzątać naszą planetę – mówię.

– No to wy już sobie ustalajcie, planujcie, od czego zaczniecie i gdzie najpierw pójdziecie. Ziutek byłby z was dumy, ja też jestem – podsumowuje babcia. – A tymczasem zapraszam na szarlotkę – dodaje, biorąc po kolei talerzyki do ręki i nakładając na nie po kawałku ciastka. – Mam jeszcze kompocik – mówi. – Za chwilę przyniosę. – Idzie z pustą tacą do domu.

– Mam nadzieję, że podejdziecie do tego zadania z rozwagą i oddaniem – mówi dziadek, sięgając po swój talerzyk.

– Oczywiście – stwierdza Oliwka. – Jeszcze dziś się tym zajmiemy.

– Czyli nie gniewacie się na mnie, że pokazałam skarb dziadkowi? – pyta Jagoda.

– Nie – mówimy chórem.

– Czy mogę dodać do skarbów moją koronę? – pyta, poprawiając różowy diadem na głowie. – Mam takich dużo, więc nawet możecie wybrać, którą chcecie.

Oliwka uśmiecha się do mnie, a ja porozumiewawczo kiwam do niej głową.

– Jak będziemy wybierać pamiątki z dwudziestego pierwszego wieku, zaprosimy cię na naradę – mówi Oliwka i bierze do ręki swój talerzyk z ciastkiem.

– Możecie do malowania mapy użyć moich kredek i bloku – oferuje się Jagoda.

– Świetnie, Jagódko, że tak się dzielisz – chwali ją babcia, wracając z dzbankiem kompotu.

– W takim razie zbiórka w bazie zaraz po jedzeniu – rzuca Oliwka.

– Tak jest! – zgadza się Filip, wpychając do ust swój kawałek ciastka.

– Ale super początek wakacji – mówię, sięgając po swój kawałek szarlotki i ciesząc się na czekającą nas przygodę.

Pożegnanie

I jak ci się podobała nasza wakacyjna przygoda? Przed nami misja do spełnienia, może ty też zechcesz wziąć w niej udział? Poradzić się starszego rodzeństwa albo dorosłych, co warto przekazać przyszłym pokoleniom? Narysuj mapę, napisz list do osoby, która w przyszłości znajdzie twoje skarby, możesz też użyć szyfru, tak żeby sprawdzić oddanie odkrywcy i ustrzec skarb przed dostaniem się w niepowołane ręce. Mogą to być drobiazgi, guzik, grosz... A może pracujesz nad jakimś projektem badawczym, masz schemat maszyny przyszłości – podziel się z potomnymi tym projektem. Jednak pamiętaj, że najpierw zacznij od sprzątania świata. Co roku bierz udział w akcjach organizowanych z okazji DNIA ZIEMI, który przypada 22 kwietnia, i sprzątaj za każdym razem, gdy wybierzesz się na leśną wyprawę. Nigdy nie pozostawiaj po sobie śmieci, gdy jesteś na biwaku, pikniku czy ognisku. Segreguj śmieci, bo od ciebie – tak jak ode mnie – zależy przyszłość naszej planety.

Mam nadzieję, że dołożysz wszelkich starań, aby żyło nam się czysto, i zostawisz przyszłym pokoleniom zadbaną, zdrową Ziemię, pełną niespodzianek i tajemniczych skarbów. Wierzę w ciebie! Kuba.

KONIEC

Spis treści

Redakcja i korekta
Agnieszka Czapczyk

Projekt graficzny okładki
Łukasz Silski

Skład i łamanie
Agnieszka Kielak

Ilustracje
Łukasz Silski

Wydanie pierwsze
ISBN: 978-83-66939-60-8

SKARPA WARSZAWSKA

WYDAWCA
Agencja Wydawniczo-Reklamowa
Skarpa Warszawska Sp. z o.o.
ul. Borowskiego 2 lok. 24
03-475 Warszawa
tel. 22 416 15 81
redakcja@skarpawarszawska.pl
www.skarpawarszawska.pl

skarpawarszawska